UNE VIE SANS INQUIÉ-TUDE

COMMENT REMPLACER L'ANXIÉTÉ PAR LA PAIX

TIMOTHY LANE

ÉDITIONS
IMPACT

Édition originale en anglais sous le titre :
Living Without Worry: How to Replace Anxiety with Peace
© 2015 par Timothy Lane/The Good Book Company. Tous droits réservés.
Publié par The Good Book Company.
Traduit et publié avec permission.

Pour l'édition française :
Une vie sans inquiétude : comment remplacer l'anxiété par la paix
© 2019 Publications Chrétiennes, Inc.
Publié par Éditions Impact.
230, rue Lupien, Trois-Rivières (Québec)
G8T 6W4 – Canada
Site Web : www.editionsimpact.org
Tous droits de traduction, de reproduction et d'adaptation réservés.

Traduction : Élaine Cossette
Révision : Louise Denniss

ISBN : 978-2-89082-336-5

Dépôt légal – 1er trimestre 2019
Bibliothèque et Archives nationales du Québec
Bibliothèque et Archives Canada

« Éditions Impact » est une marque déposée de Publications Chrétiennes, Inc.

Sauf mention contraire, les citations bibliques sont tirées de la Nouvelle Édition de Genève (Segond 1979) de la Société Biblique de Genève. Avec permission.

Tim écrit comme il prêche : en se basant sur les Écritures. Nous ne serons jamais soulagés de nos inquiétudes à moins de découvrir Celui qui est plus grand que nous. C'est à lui que Tim nous ramène constamment dans ce livre bien écrit et facile à étudier.

Bob Inglis, ancien membre du Congrès des États-Unis

C'est le meilleur livre que j'ai lu sur les inquiétudes, un sujet des plus décourageants. Au début, je m'inquiétais de savoir s'il m'aiderait réellement, mais au fil de ma lecture, je me suis surpris à louer le Seigneur pour sa personne et ses œuvres en faveur de son peuple. Et plus je le louais, moins je me sentais angoissé.

Samuel Logan, directeur international, The World Reformed Fellowship

Dans son livre, Tim Lane offre une combinaison unique de connaissances et de compassion pour les nombreux angoissés de ce monde, en mettant surtout l'accent sur Dieu, Jésus-Christ et l'éternité. Il propose à ses lecteurs un diagnostic fiable de l'inquiétude et il donne une prescription pertinente, biblique et centrée sur le cœur pour remplacer l'anxiété par la paix.

Bob Kellemen, vice-président du Institutional Development, Crossroads Bible College et auteur de *Anxiety: Anatomy and Cure*

Je m'inquiète. Tous mes efforts pour me débarrasser de l'inquiétude ont échoué lamentablement et m'ont rendue encore plus soucieuse. Mais voici enfin un livre qui aide à briser ce cycle. Tim Lane définit la nature même de l'inquiétude et la raison pour laquelle elle nous affecte tous. Il nous oriente ensuite avec douceur vers une meilleure manière de vivre, plus biblique et remplie de la grâce de l'Évangile. Un livre accessible, un incontournable pour quiconque désire s'engager sur la voie du renoncement à l'inquiétude.

Helen Thorne, responsable de la formation au London City Mission et auteur de *Purity is Possible*

Timothy Lane traite de nos problèmes d'anxiété avec un langage biblique et personnel. Je recommande ce livre agréable à lire, mais profond, à tous ceux pour qui la vie est difficile dans ce monde rempli d'incertitudes.

Tremper Longman III, professeur d'études bibliques au Westmont College, Santa Barbara, Californie

Le langage de Tim est simple, mais non simpliste ; il use de compassion tout en nous obligeant à assumer nos responsabilités. Que vous soyez rongé par l'inquiétude ou que vous cherchiez à aider ceux qui le sont, ce livre est pour vous. Vous ne cesserez probablement pas de vous inquiéter, mais vous trouverez des pistes de solution pour comprendre ce sentiment et des stratégies pour le combattre.

Richard Underwood, directeur des ministères pastoraux, The Fellowship of Independent Evangelical Churches

Le dernier livre de Tim Lane est un classique ! Sa théologie est fiable, empreinte de la sagesse, de l'amour et de la grâce de Dieu, tout en étant très pratique. Après une première lecture, je l'ai relu en notant des extraits à partager avec des amis ou comme aide-mémoire personnel. Nous éprouvons tous de l'inquiétude ; Tim nous donne le moyen de l'exploiter pour notre croissance spirituelle.

Bob D. Dukes, président et directeur général de la Worldwide Discipleship Association et auteur de *Maturity Matters: The Priority and Process for Disciple Building in the Church*

Tim Lane témoigne d'une grande sollicitude pastorale et d'une compréhension intelligente de la Bible pour démontrer de quelle manière les Écritures traitent des inquiétudes du cœur. Ce livre sera utile dans ma vie et je le recommanderai à plusieurs personnes.

Sally Orwin Lee, comité de direction du Biblical Counseling UK

Ce livre m'a beaucoup aidé à comprendre l'origine, les causes et les effets de l'inquiétude. Il explique clairement comment surmonter l'inquiétude et la remplacer par la paix et la confiance en Dieu, conformément aux enseignements de la Bible. Je ne connais personne qui ne vit aucune inquiétude. Je prie que Dieu vous aide à vaincre les vôtres alors que vous lisez ce livre.

Clyde Christensen, entraîneur des quarts-arrière des Colts d'Indianapolis (2002-2015) et coordonnateur de l'équipe offensive des Dolphins de Miami depuis 2016

Contrairement à d'autres livres chrétiens qui ne font qu'envenimer le problème de l'inquiétude, ce petit livre s'appuie sur la grâce et aide les croyants aux prises avec l'inquiétude à trouver des pistes de solution pour enrayer leur tendance. Il se fonde principalement sur les Écritures, mais se montre ouvert aux connaissances de la science moderne et offre une sagesse pastorale judicieuse, bien documentée et centrée sur Jésus-Christ.

Eric L. Johnson, professeur en études pastorales au Southern Baptist Theological Semirary et directeur de la Society for Christian Psychology

L'inquiétude est l'un des plus grands voleurs de l'histoire. Elle nous dérobe notre joie, notre paix, nos relations et notre santé. Nous savons tous que nous ne devrions pas nous inquiéter, mais nous le faisons quand même. Timothy Lane aborde le problème de front par une approche utile, biblique et pratique. Que vous soyez peu ou très angoissé, ce livre vous en donne l'antidote!

Richard Blackaby, président de Blackaby Ministries International et auteur de *Experiencing God Day by Day*

Vous inquiétez-vous ? Alors ce livre est pour vous ! Ce n'est pas une série d'étapes superficielles visant à bannir l'anxiété que Tim nous propose, mais il nous rappelle plutôt l'ensemble du message d'espérance de Dieu, à nous qui vivons dans un monde rempli de scénarios hypothétiques.

Philip G. Monroe, professeur de counseling et de psychologie au Biblical Theological Seminary, Pennsylvanie

Pour Barbara

TABLE DES MATIÈRES

1. POURQUOI NE PAS S'INQUIÉTER ?

C'est pourquoi je vous dis : Ne vous inquiétez pas pour votre vie de ce que vous mangerez, ni pour votre corps, de quoi vous serez vêtus.

Ne vous inquiétez donc point, et ne dites pas : Que mangerons-nous ? Que boirons-nous ? De quoi serons-nous vêtus ?

Ne vous inquiétez donc pas du lendemain ; car le lendemain aura soin de lui-même. À chaque jour suffit sa peine (Mt 6.25,31,34).

Tiens ! Un livre sur les inquiétudes qui commence sans préambule par une exhortation de Jésus à ne pas s'inquiéter. Voilà qui est inquiétant ! Les paroles de Jésus vous réconfortent-elles ou vous troublent-elles encore davantage ? Avez-vous réagi en pensant : «Jésus peut parler ainsi, car il est le Fils de Dieu. Pour ma part, je suis une personne ordinaire et chaque jour m'apporte son lot de soucis.»

Nous sommes tentés de rejeter le commandement de Jésus, le qualifiant d'injuste et d'irréaliste pour la vie d'aujourd'hui. Chacun de nous a ses soucis et s'inquiète. Comment Jésus peut-il alors s'attendre à ce que nous soyons exempts d'inquiétudes ? Bien plus, comment peut-il nous *ordonner* de ne pas nous inquiéter? Il s'adresse sans doute à une société agricole où tout est plus simple, mais pas à la culture complexe du xxiᵉ siècle. Et vraisemblablement, il n'inclut pas tous les soucis.

Le commandement de Jésus est pourtant clair et universel : « Je vous dis : ne vous inquiétez pas. » Qu'en ferons-nous ?

Un serrement

Le commandement de Jésus nous semble peut-être impossible à observer en ce moment, mais comme il serait formidable de pouvoir le mettre en pratique ! Le terme anglais *worry*, traduit en français par « inquiétude », a une racine anglo-saxonne qui signifie « étrangler ». Le mot « anxiété » vient de l'indo-européen et fait référence à un serrement à la gorge ou à la poitrine. Ces termes décrivent avec justesse le sentiment d'inquiétude et d'anxiété de faible intensité. Tous les individus que j'ai rencontrés ont déjà éprouvé ces sensations. Elles occupent souvent trop de place dans nos vies et elles ne sont jamais les bienvenues.

Or, ne serait-il pas formidable qu'il existe un moyen de s'inquiéter moins ou même, de ne plus s'inquiéter du tout dans les difficultés ? Et si Jésus nous rendait aptes à combattre l'anxiété de façon efficace ? L'enseignement contenu dans Matthieu 6 et dans l'ensemble de la Bible n'a pas pour but d'imposer de fardeau supplémentaire et d'inquiéter davantage, de sorte qu'on se dise : « Maintenant, je m'inquiète de m'inquiéter ! » Il n'en est rien. Jésus porte un regard honnête sur le monde dans lequel nous vivons et il donne des principes libérateurs pour chasser l'angoisse. Par sa bonté, sa compassion, sa grâce et sa puissance, il veut agir dans nos vies au milieu même des situations compliquées et des soucis.

Jésus souhaite que nous luttions contre l'angoisse, que nous cessions de nous inquiéter. Il nous offre son aide. Existe-t-il une autre solution ? Le fait d'ignorer nos problèmes d'inquiétude entraîne des répercussions importantes sur notre vie. L'anxiété chronique produit, entre autres, des effets sur le corps :

- Difficultés à avaler
- Étourdissements
- Sécheresse buccale
- Rythme cardiaque rapide
- Épuisement
- Maux de tête
- Concentration défaillante
- Irritabilité
- Douleurs musculaires
- Tensions musculaires
- Nausées
- Fébrilité
- Respiration haletante
- Essoufflement
- Transpiration
- Tremblements et spasmes musculaires

Ces réactions sont relativement bénignes et vous éprouvez peut-être déjà certains de ces symptômes. Cependant, l'inquiétude peut entraîner des conséquences physiques plus graves :

- Affaiblissement du système immunitaire
- Troubles digestifs
- Tensions musculaires
- Perte de la mémoire à court terme
- Maladies coronariennes précoces
- Crises cardiaques

Une vérité plus importante se dégage de tout cela, cependant : il existe un lien étroit entre notre relation avec Dieu et nos difficultés à lui obéir. L'inquiétude nous empêche de vivre une relation harmonieuse avec lui et de goûter pleinement à la joie et à l'abondance qu'il promet.

De plus, l'inquiétude a des répercussions sur nos relations avec les autres. Elle peut nous donner l'impression d'une grande capacité d'adaptation et de «sécurité», mais elle ne produit jamais les résultats souhaités. On ne saisit plus les occasions que Dieu place devant soi, car on craint que quelque chose ne tourne mal. On cesse d'investir dans ses relations, d'aimer et de servir les autres, de peur d'être blessés. Enfin, comme nous l'avons déjà mentionné, l'inquiétude produit parfois des troubles de sommeil ou de santé.

L'inquiétude est inefficace

En réalité, l'inquiétude est inutile. Elle semble naturelle. Certains en aiment peut-être la sensation, mais elle ne change rien. Jésus demande : «Qui de vous, par ses inquiétudes, peut ajouter une seule coudée à la durée de sa vie ?» (Mt 6.27.) La réponse est : *personne* ! Durant la Seconde Guerre mondiale, Corrie Ten Boom cache des Juifs dans sa Hollande natale alors occupée par les Allemands, avant d'être elle-même emprisonnée dans un camp de concentration. Elle vivra des situations plus angoissantes que la plupart d'entre nous et elle affirme pourtant : «L'inquiétude ne diminue pas les douleurs du lendemain. Elle diminue nos forces pour aujourd'hui.»

Il paraît impossible de chasser l'angoisse. L'idée est invitante, mais la mise en pratique, difficile. Le travail qui consiste à regarder ses inquiétudes en face est ardu et exige une grande honnêteté, mais le prix à payer est encore plus élevé si l'on ne se soumet pas à l'exercice.

Souvenons-nous tout d'abord que Jésus enseigne de ne pas s'inquiéter parce qu'il sait que la vie est faite d'une multitude de situations angoissantes et qu'en conséquence, cette réaction semble tout à fait raisonnable. Il reconnaît, en effet, qu'à «chaque jour suffit sa peine» (v. 34). Jésus ne dit jamais que la vie est exempte d'ennuis ou que nous devrions y être indifférents. Il sait que les problèmes sont nombreux, souvent préoccupants et exigent des solutions. Ce Jésus qui ordonne de ne pas s'inquiéter comprendrait-il mieux qu'on le croit la situation désespérée dans laquelle nous nous trouvons? J'espère que vous trouverez réponse à cette question dans les prochains chapitres.

Le monde est un endroit inquiétant

Le 3 septembre 2001, ma femme Barbara, nos quatre enfants et moi sommes en visite chez des amis à New York. Vers neuf heures, nous prenons l'ascenseur jusqu'au dernier étage de l'Empire State Building. Du haut du 102ᵉ étage, nous nous sentons en sécurité pour admirer confortablement la vue imprenable sur l'une des villes les plus étonnantes du monde. Au nord s'étend Central Park. À l'est, Long Island. À l'ouest, on aperçoit le New Jersey et au sud, elles sont là: les tours jumelles. Une vision emblématique.

Nous rentrons chez nous à Philadelphie plus tard ce jour-là et chacun reprend sa routine quotidienne. Quelques jours passent, puis c'est le 11 septembre 2001. Plus de confort, plus de sécurité en cette journée marquante. La vision emblématique a disparu pour toujours. Les États-Unis et le monde entier ne seront plus jamais les mêmes.

En réfléchissant à cette journée tristement célèbre, je suis stupéfait de constater à quel point ma famille l'a échappé belle. Huit jours seulement nous séparent de l'une des attaques les plus meurtrières de l'histoire de notre pays ! Je songe souvent aux conséquences de l'attaque si elle avait eu lieu pendant notre visite à l'Empire State Building. Et si les terroristes avaient choisi de frapper huit jours plus tôt un édifice de Manhattan tout aussi emblématique, celui où nous nous trouvions ?

Ces pensées me rendent anxieux. Je m'inquiète. Pourquoi ? Parce que ce monde est imprévisible, dangereux et menaçant.

Avant le 11 septembre, j'avais l'impression de vivre dans un monde plutôt sûr. Depuis ce jour, ma façon de penser a complètement changé. Le 11 septembre a ébranlé mon faux sentiment de sécurité et je suis devenu plus anxieux. Une autre date et un autre événement ont peut-être produit sur vous un effet similaire. Quoi qu'il en soit, on réalise tous un jour ou l'autre que le monde dans lequel nous vivons offre de nombreuses raisons de s'inquiéter.

En y réfléchissant sérieusement, les raisons de s'inquiéter et de ressentir de l'angoisse sont multiples et variées. Mes nombreuses années d'expérience à titre de pasteur et de conseiller m'ont appris qu'un grand nombre de personnes sont en proie à l'anxiété parce qu'elles ont vécu une situation difficile ou traumatisante à un moment ou à un autre de leur vie. Elles en gardent de vifs souvenirs qui resurgissent au fil des jours et provoquent des crises d'angoisse. La vie sur cette terre est imprévisible : les cataclysmes, les désastres naturels, le mal et les accidents se produisent fréquemment. Il n'est pas étonnant que le monde compte autant de personnes angoissées. Il est plutôt remarquable qu'il n'y en ait pas davantage ! Dans une certaine mesure, un individu qui ne s'inquiète pas semble déconnecté de la réalité. La question à se poser n'est pas : « Pourquoi s'inquiéter ? » Il faut plutôt se demander : « Pourquoi ne pas s'inquiéter ? »

Le quotidien offre également son lot d'inquiétudes

Soyons plus précis. Les cataclysmes et les événements traumatisants peuvent se produire à tout moment, mais nos plus grandes inquiétudes proviennent souvent des circonstances de la vie courante. Permettez-moi de vous raconter une autre histoire au sujet de ma famille.

Au printemps 2001, quatre mois avant le 11 septembre, je reçois une offre d'emploi qui obligera notre famille de six personnes à déménager de la Caroline du Sud à Philadelphie, un périple de près de 1300 kilomètres. J'accepte l'emploi et ce nouveau défi suscite beaucoup d'enthousiasme, mais également des inquiétudes.

- L'Église nous inquiète. J'y œuvre comme pasteur depuis dix ans. Quelle sera la réaction de ses membres ? Qui me remplacera ?
- Les enfants nous inquiètent. Ils sont alors âgés respectivement de dix, sept, trois et deux ans. Notre fille de dix ans est à cette période de la vie où elle noue des amitiés à l'Église et à l'école. Ce déménagement ne l'enchante guère. S'adaptera-t-elle à ce changement ou aura-t-il des répercussions négatives sur sa vie ?
- La vente de notre maison nous inquiète. Se vendra-t-elle à un bon prix ? Se vendra-t-elle tout court ? Et en combien de temps ? Faudra-t-il investir beaucoup de temps et d'énergie pour la mettre sur le marché ?
- L'achat d'une nouvelle maison à Philadelphie nous inquiète. Le coût de la vie y est d'au moins 30 % supérieur à la Caroline du Sud. Le marché immobilier est en plein essor à cette époque et le prix des maisons monte en flèche.

- Notre situation financière nous inquiète. Aurons-nous les moyens de vivre là-bas? Comment y parviendrons-nous?

Et nous n'avions même pas encore déménagé! À notre arrivée à Philadelphie, mes inquiétudes ne font qu'augmenter. Je remets en question ma décision de déraciner ma famille et de quitter un bon emploi, une belle maison, des amis et la famille. Mon anxiété se transforme en dépression et je ressens de l'irritation, de l'impatience et de la colère. Je n'en suis pas conscient à l'époque, mais ma femme, Barbara, constate que quelque chose ne va pas. Cette période de ma vie n'est pas facile.

Nous sommes tous inquiets

Pour quelle raison ai-je raconté d'emblée un peu de mon histoire personnelle? Je veux que vous sachiez que nous sommes dans la même situation, vous et moi. J'ai choisi de raconter des expériences ordinaires afin de montrer que l'inquiétude ne touche pas seulement les victimes de mauvais traitements traumatisants. Nous nous inquiétons tous de façon naturelle et les études tendent à démontrer qu'environ 40 millions d'Américains souffrent d'anxiété *chronique*.

Je suis conscient que mes expériences de vie diffèrent probablement des vôtres. Les exemples que j'ai donnés ne se comparent peut-être en rien à ce que vous avez vécu. Vous pensez même que j'ai eu une vie facile en vous basant sur mes récits. Cependant, l'anxiété dépasse les frontières de la richesse, de l'éducation, de la profession ou du sexe. Une petite intervention chirurgicale prend des proportions gigantesques pour celui qui la subit. Selon les individus, un même problème peut sembler mineur ou majeur.

J'ajouterai ceci: le fait d'écrire un livre sur l'anxiété ne signifie pas que je ne m'inquiète plus. Au contraire, je vis divers degrés d'inquiétude au moment même où j'écris ces lignes, et curieusement, elle est associée à un autre déménagement, un nouvel emploi, des enfants qui peinent à s'adapter et des ressources financières fluctuantes ! Ainsi va la vie dans un monde déchu et déchiré. J'espère qu'en lisant ces pages, vous verrez une vraie personne qui a besoin d'aide. Je suis en proie à l'inquiétude. Je ne suis pas différent des autres, j'ai besoin d'aide et d'encouragement chaque jour, tout comme vous. Dieu a utilisé la rédaction de ce livre pour m'aider à regarder en face et à affronter certaines situations angoissantes de ma vie.

Certains non-chrétiens liront ce livre en se disant que le message et le point de vue chrétiens détiennent peut-être la clé qui leur permettra de recevoir de l'aide. Si tel est le cas, je suis convaincu que vous avez raison ! Je souhaite que votre lecture des enseignements bibliques sur la vie et les inquiétudes confirme vos impressions.

D'autres lecteurs se disent chrétiens, mais doutent que cette réalité influence de près ou de loin la vaste gamme des inquiétudes. Certains savent que leur foi devrait modifier leurs réactions aux différentes circonstances de la vie et leur apporter une plus grande quiétude. Cependant, cette connaissance ne leur est d'aucune utilité, car l'anxiété revient les hanter jour après jour.

Enfin, il est possible non seulement que vous éprouviez les mêmes inquiétudes que les autres, mais que vos angoisses soient également causées par un ou des événements passés difficiles. Les faits remontent soit au mois dernier ou à plusieurs années auparavant. Le degré d'anxiété varie selon la gravité de l'événement. Nous reviendrons sur cette cause d'inquiétude au chapitre 4. Si tel est le cas, je tiens à préciser d'emblée que les vérités présentées et appliquées dans ce livre n'élimineront pas forcément en entier ce type d'anxiété. Elles pourront, cependant, amorcer une guérison et vous permettre de continuer à vivre en aimant Dieu et en servant les autres sans ployer sous le poids d'une anxiété écrasante, constante ou chronique.

Qui que vous soyez, ce livre s'adresse à *vous*, car personne n'est à l'abri de l'inquiétude. Quelle que soit la raison de l'anxiété qui vous ronge alors que vous lisez ces lignes, qu'il s'agisse d'une relation, d'un emploi, d'un problème financier, d'une maladie, d'une déception, d'une épreuve, d'un traumatisme ou autre, mon plus grand désir est que vous trouviez, dans votre relation avec Jésus, une nouvelle détermination et une énergie renouvelée pour affronter vos défis et vos tâches.

Dans les chapitres qui suivent, vous découvrirez une approche, des vérités et des promesses qui se sont avérées et s'avèrent encore très utiles dans ma vie et dans celles de plusieurs personnes que j'ai conseillées ou dont j'ai été le pasteur au fil des années. En écrivant ces mots, leurs visages me reviennent en mémoire. Ils ont eu besoin d'aide et d'espoir au milieu de grandes inquiétudes. Je me souviens également comment Dieu a opéré dans ma vie et dans la leur une transformation graduelle, certes, mais indéniable. Leur situation n'a pas forcément changé, mais une chose est certaine : Dieu s'est manifesté et a œuvré par sa grâce pour les encourager. J'ai eu le privilège d'accompagner ces personnes et de recevoir en retour leurs marques d'encouragement. J'espère que vous comprendrez, comme nous, que Dieu est avec vous et qu'il veut vous aider à progresser. La croissance est souvent un processus graduel et elle ne s'obtient jamais en suivant un guide de six étapes faciles. Par la grâce et la compassion de Dieu, la croissance et les changements s'opèrent, même pour des sentiments aussi enracinés et quasi instinctifs que la peur et l'anxiété.

Les raisons de s'inquiéter sont multiples. Jésus le sait. Sa vie, après tout, n'a pas été une promenade d'agrément, mais une marche vers sa mise à mort. Il a vécu dans ce monde les mêmes problèmes que nous. Il sait, il comprend. Mais nous voici, à la fin de ce chapitre, revenus à notre point de départ. Dans un monde où les sujets d'inquiétude abondent, Jésus ordonne : «Ne vous inquiétez pas.»

Ne serait-ce pas merveilleux si cela était possible ? Et si Jésus nous montrait comment y parvenir ? Voilà ce que nous aborderons dans ce livre.

QUESTIONS DE RÉFLEXION

1. Quelles circonstances de votre vie vous causent de l'inquiétude en ce moment ? Qu'est-ce qui a tendance à vous inquiéter en général ?

2. Certains événements de votre passé vous rendent-ils plus anxieux ? Si oui, lesquels ?

3. De quelle manière vos inquiétudes influencent-elles votre façon de vivre et vos relations interpersonnelles ?

4. Que faites-vous pour contrer l'anxiété ? Nommez des actions et réactions précises, positives et négatives.

5. Certains concepts de ce chapitre se démarquent-ils et ont-ils suscité des questions que vous ne vous étiez jamais posées auparavant ?

2. QU'EST-CE QUE L'INQUIÉTUDE ?

INQUIÉTUDE
Nom

Malaise causé par la crainte, l'anxiété, l'incertitude par rapport à un danger, à un événement malheureux.

Synonymes : alarme, crainte, peine, peur, souci, tourment, affolement, angoisse, anxiété, épouvante, transe, appréhension.

S'INQUIÉTER
Verbe

Éprouver de l'inquiétude, de l'angoisse, se tracasser pour quelqu'un, quelque chose.

Synonymes : S'alarmer, s'angoisser, se faire du mauvais sang, se faire du souci, se stresser, se morfondre, s'énerver, s'en faire, se ronger les sangs, se tourmenter, se tracasser.

Les diagnostics sont importants. Supposons que vous êtes souffrant. Vous consultez un médecin qui vous pose une série de questions et conclut que vous avez un mauvais rhume. Il vous prescrit du repos, beaucoup de liquide et un médicament contre la toux. Quelques mois plus tard, votre état de santé ne s'est guère amélioré et la toux a même empiré. Vous retournez voir le médecin qui décide de procéder à des examens plus poussés. Les résultats sont évidents : vous ne souffrez pas d'un rhume, mais d'un cancer des poumons. Le premier diagnostic était complètement erroné.

Lorsque quelque chose ne va pas, il importe de savoir à quel problème on fait face exactement. Les questions spirituelles ne font pas exception. Un traitement ne sera efficace que si on établit le bon diagnostic.

Définir l'inquiétude

Comment, donc, définir l'inquiétude ou l'anxiété (les deux termes seront utilisés sans distinction dans ce livre) ? Cet état touche presque tous les êtres humains, dans toutes les sociétés. Peu de gens vivent véritablement à l'abri des soucis. Mais qu'est-ce que l'inquiétude ? Dans son article « Anxiety States » (Les formes de l'anxiété) paru dans *Comprehensive Textbook of Psychiatry* (Manuel complet de psychiatrie), le psychiatre John Nemiah écrit ceci : « Les fonctions intellectuelles et physiologiques trouvent dans l'anxiété un point de convergence unique que l'on ne rencontre nulle part ailleurs dans les autres aspects de la vie humaine. » Dans son livre *Anxiety: A Short History* (Une brève histoire de l'anxiété), Allan V. Horwitz écrit : « Les facteurs relevant de la biologie, de la psychologie, de l'histoire personnelle et de l'environnement social et naturel constituent autant de causes potentielles et omniprésentes d'anxiété. »

Bien que ces différents facteurs et éléments demeurent très importants, la Bible traite du sujet avec une profondeur inattendue en affirmant que l'inquiétude est un problème fondamentalement spirituel. La Bible n'ignore pas ou ne rejette pas les aspects psychologiques, physiologiques, historiques, sociaux ou environnementaux de l'anxiété, mais elle considère qu'ils font tous partie d'un problème spirituel. L'inquiétude, en fin de compte, constitue une réponse à la vie vécue dans un monde créé par Dieu. Elle est, par conséquent, une réponse envers Dieu lui-même.

Toute tentative pour définir l'inquiétude se heurte aux difficultés suivantes : d'une part, il faut éviter les définitions simplistes et banales qui n'expliquent pas le concept en profondeur. D'autre part, on ne peut donner de solutions toutes faites qui ne tiennent pas compte de la réalité de nos luttes. La Bible nous appelle avant tout à regarder les problèmes et la souffrance en face, avec honnêteté, et elle offre une espérance véritable qui pénètre au plus profond du cœur de la personne anxieuse.

Dès l'instant où la définition biblique de l'inquiétude est bien comprise, on saisit mieux et on reconnaît la valeur de l'enseignement des Écritures à ce sujet. La grande sagesse de la Bible nous aide à expliquer l'inquiétude et ses causes. Examinons de nouveau les instructions de Jésus et observons en particulier les termes traduits en français par « inquiétudes » ou « s'inquiéter » dans la Bible :

C'est pourquoi je vous dis : Ne vous inquiétez pas pour votre vie de ce que vous mangerez, ni pour votre corps, de quoi vous serez vêtus. La vie n'est-elle pas plus que la nourriture, et le corps plus que le vêtement ? Regardez les oiseaux du ciel : ils ne sèment ni ne moissonnent, et ils n'amassent rien dans des greniers : et votre Père céleste les nourrit. Ne valez-vous pas beaucoup plus qu'eux ? Qui de vous, par ses inquiétudes, peut ajouter une coudée à la durée de sa vie ?

Et pourquoi vous inquiéter au sujet du vêtement ? Considérez comment croissent les lis des champs : ils ne travaillent ni ne filent ; cependant je vous dis que Salomon même, dans toute sa gloire, n'a pas été vêtu comme l'un d'eux. Si Dieu revêt ainsi l'herbe des champs, qui existe aujourd'hui et qui demain sera jetée au four, ne vous vêtira-t-il pas à plus forte raison, gens de peu de foi ? Ne vous inquiétez donc point, et ne dites pas : Que mangerons-nous ? Que boirons-nous ? De quoi serons-nous vêtus ? Car toutes ces choses, ce sont les païens qui les recherchent. Votre Père céleste sait que vous en avez besoin. Cherchez premièrement le royaume et la justice de Dieu ; et toutes ces choses vous seront données par-dessus. Ne vous inquiétez donc pas du lendemain ; car le lendemain aura soin de lui-même. À chaque jour suffit sa peine (Mt 6.25-34).

Jésus emploie les mots « inquiétude » ou « s'inquiéter » à cinq reprises dans le texte. À trois reprises, le verbe est à l'impératif. Le mot grec employé dans l'Évangile est *merimnao*. Il signifie littéralement « un esprit déconcentré » ou « un esprit partagé ». Dans le contexte plus large du passage, la loyauté de l'esprit est partagée ou tiraillée entre le royaume de Dieu et mon propre royaume. L'attention est détournée du premier royaume vers le second. Le spécialiste de la Bible, Dick France, émet ce commentaire très éclairant sur l'inquiétude : *elle consiste à être trop préoccupé par autre chose que le royaume de Dieu.*

Voilà donc la description de l'inquiétude : une préoccupation excessive. Cette information est simple et très utile. Elle nous apprend, entre autres, ce que l'inquiétude n'est pas.

1. L'inquiétude diffère des soucis

Si l'inquiétude se définit par une préoccupation « excessive », elle diffère donc de la simple « préoccupation ». Il est juste de se soucier de ce qui se passe autour de nous. Jésus n'a rien contre les soucis légitimes, mais il condamne les préoccupations excessives.

Lorsque ma fille aînée a eu l'âge requis pour conduire une voiture, je me faisais du souci, car je connais les dangers de la conduite automobile si on y est mal préparé. J'ai donc agi en parent responsable. Je l'ai inscrite à des cours afin qu'elle reçoive une formation adéquate. (J'ai eu suffisamment de sagesse pour engager un professionnel et ne pas me charger moi-même de cette tâche!) J'ai également prié pour elle (et pour les autres usagers de la route!).

Mes préoccupations étaient saines. Elles m'ont poussé à poser des gestes sages et à prier en m'appuyant sur Dieu. C'est également la raison pour laquelle je verrouille les portes de ma maison pendant la nuit ou lorsque je sors, tout en priant Dieu de protéger ma demeure. La vie de tous les jours offre de nombreux exemples d'actions qui découlent de préoccupations justes et pieuses : un examen médical régulier, un budget équilibré, la planification des études postsecondaires des enfants, un entretien régulier de la voiture. Jésus n'encourage pas la négligence ou l'insouciance. Il nous exhorte à ne pas nous préoccuper à l'excès de ces choses. Les deux attitudes sont très différentes et la distinction entre les deux est évidente. Les préoccupations inspirent des actions sages et des prières confiantes, tandis que les inquiétudes ou les préoccupations excessives nous incitent à penser et à agir comme si tout reposait sur nos épaules ou comme si la situation était incontrôlable. Les prières, s'il y en a, sont alors des prières de désespoir.

2. L'antidote à l'inquiétude n'est pas une attitude détachée

On ne répond pas aux préoccupations excessives par l'indifférence. La solution aux soucis exagérés n'est pas la désinvolture. Trop souvent, l'indifférence et le désintérêt passent pour de la sainteté, alors qu'il n'en est rien. Nous connaissons tous des personnes «décontractées». C'est peut-être même votre cas. Ce mode de vie semble attirant au premier abord! Mais il vaut la peine de chercher à savoir ce qui se cache derrière cette attitude. Considérons trois types d'individus «décontractés» très différents:

1. D'abord, certains semblent nonchalants, mais sont rongés intérieurement par l'inquiétude. Ils cachent leur anxiété en agissant avec calme et sang-froid, mais ont tendance à être ambitieux, irritables et très susceptibles.

2. D'autres, sous une apparence détendue, vivent de grandes angoisses, mais choisissent le détachement et l'indifférence. Ce type d'angoissé est enclin à la procrastination et fuit la réalité.

3. D'autres enfin semblent très calmes et détendus, mais en réalité, ils s'investissent dans la vie des gens et prennent leur situation à cœur. Ils prennent soin des autres avec amour et compassion et ils remettent à Dieu leurs inquiétudes, tout en lui faisant confiance pour les nombreux défis de la vie.

Ces exemples présentent trois versions très différentes d'une attitude «détachée». Les deux premiers n'offrent aucune solution à l'inquiétude, tandis que le troisième exemple montre un individu dont le calme prouve qu'il dépend entièrement de Dieu.

3. Le travail ne trahit pas forcément une forme d'inquiétude

Une autre erreur fréquente consiste à croire que pour éviter d'être inquiets, il suffit de devenir passifs et d'attendre que Dieu pourvoie à tous nos besoins. L'illustration des oiseaux et des plantes que donne Jésus semble laisser entendre que la passivité est presque une forme de piété ! Il n'en est rien. Dieu donne la nourriture aux oiseaux, mais ils doivent travailler pour l'obtenir. Quant aux plantes, leur croissance n'est pas automatique. Elles reçoivent les nutriments nécessaires du sol et du soleil. Par conséquent, le travail n'est pas forcément, ou même en général, une forme d'inquiétude. Il est, en réalité, une vertu. Paul l'explique ainsi :

> Mais nous vous exhortons, frères [...] à mettre votre honneur à vivre tranquilles, à vous occuper de vos propres affaires, et à travailler de vos mains, comme nous vous l'avons recommandé, en sorte que vous vous conduisiez honnêtement envers ceux du dehors, et que vous n'ayez besoin de personne (1 Th 4.10*b*-12).

Il donne également cet avertissement : « Si quelqu'un ne veut pas travailler, qu'il ne mange pas non plus » (2 Th 3.10*b*). Aucune ambiguïté possible ! Ainsi, Jésus enseigne de toute évidence que personne ne doit cesser ses activités et rester à ne rien faire alors que la vie suit son cours. Un travail dur et acharné peut, bien entendu, être un signe de préoccupations profondes, chroniques et excessives, mais ce n'est certes pas toujours le cas.

4. La protection personnelle diffère de l'inquiétude

De toute évidence, la crainte et les préoccupations saines concernant notre sécurité ou celle d'autres personnes diffèrent *totalement* des «inquiétudes» que Jésus nous ordonne de bannir.

Supposons que vous rouliez sur une autoroute le soir et qu'une voiture venant en sens inverse se dirige droit sur vous. Il est naturel et sage de faire tout ce qui est en votre pouvoir pour éviter un accident. Ou admettons qu'en ce moment même, vous craignez pour votre sécurité ou celle d'une autre personne, car une menace sérieuse pèse sur vous ou sur elle. Il est parfaitement légitime de rechercher par tous les moyens possibles une protection adéquate. Nous lisons dans les Évangiles que Jésus échappe aux foules qui s'en prennent à lui, car il sait que son travail et son ministère ne sont pas terminés (Lu 4.28-30). Si, en lisant ces lignes, vous vous trouvez dans une situation où on pourrait vous faire du tort ou user de violence envers vous, prenez les mesures nécessaires pour vous protéger. Appelez un ami ou un pasteur. Si vous vous sentez menacé par un conjoint, un parent ou qui que ce soit d'autre, il est sage et souhaitable de contacter un centre d'aide aux victimes d'abus ou la police. Ce type de préoccupation est tout à fait justifié. Je le répète : il n'est pas interdit d'agir et de chercher de l'aide si vous subissez de mauvais traitements ou craignez d'en être victime.

Ce monde ou le royaume de Dieu ?

Tout en gardant à l'esprit ces quatre avertissements, revenons à la *signification* de l'inquiétude. Le contexte plus vaste dans lequel s'insère Matthieu 6.25-34 apporte des précisions sur la nature de l'anxiété. L'enseignement de Jésus sur l'inquiétude fait partie de son célèbre «sermon sur la montagne» dans lequel il donne un aperçu du mode de vie des membres du royaume de Dieu, ceux qui sont en communion avec lui et l'ont couronné Roi de leur cœur. Chacune des sections précédant celle que nous étudions dans ce chapitre souligne l'importance d'être centré sur le royaume de Dieu plutôt que sur le monde «terrestre». Elles comparent une vie vécue pour le présent et une vie vécue pour une réalité supérieure et éternelle. Jésus pose à maintes reprises la même question : *vivez-vous votre vie comme s'il n'existait rien d'autre ou vivez-vous pour le royaume de Dieu ?*

- Donnez-vous aux pauvres dans le but d'attirer l'attention sur vous ou pour servir le royaume de Dieu et plaire à votre Père (6.1-4) ?
- Priez-vous pour impressionner votre entourage ou pour faire progresser l'œuvre du royaume de Dieu et être en communion avec votre Père céleste (6.5-15) ?
- Jeûnez-vous pour être remarqué des autres ou pour servir votre Père (6.16-18) ?
- Vous amassez-vous des trésors pour cette vie seulement ou pour la vie éternelle à venir (6.19-24) ?

Un don pour le royaume de Dieu se traduit par des œuvres bonnes effectuées pour recevoir l'approbation de Dieu et non celle des hommes. Les prières pour le royaume de Dieu montent avec confiance vers notre Père, sachant que nous sommes ses enfants et qu'il pourvoira à tous nos besoins. Un jeûne pour le royaume de Dieu suppose un sacrifice personnel que Dieu remarque et non les hommes. Les trésors amassés dans le ciel pour le royaume de Dieu impliquent une vie vécue avant tout pour une réalité supérieure à la réalité présente.

Ces exemples mettent en opposition deux manières de vivre, soit une vie centrée sur une réalité appartenant à la création (l'approbation et la reconnaissance des autres) ou une vie centrée sur le Créateur (son approbation et sa gloire). Il est donc naturel que Jésus nous ordonne ensuite de ne pas nous inquiéter. En effet, l'inquiétude naît lorsqu'un individu tente d'aimer un élément de la création au même titre que le Créateur (ou ne cherche même pas à aimer le Créateur, mais le remplace par autre chose dans la création, par exemple lui-même). Il est pourtant impossible d'aimer également le Créateur et une chose créée. Jésus conclut cette section par ces paroles sages :

> Nul ne peut servir deux maîtres. Car, ou il haïra l'un, et aimera l'autre ; ou il s'attachera à l'un, et méprisera l'autre. Vous ne pouvez servir Dieu et Mammon (Mt 6.24).

Quel Dieu ?

L'essence même de l'inquiétude consiste à rechercher l'espérance, le bien-être et le sens ultimes de la vie dans une réalité temporelle et éphémère. Dans les faits, nous élevons au niveau de « dieu » une chose créée, nous comptons sur elle et cherchons ses bienfaits. Ce faisant, nous sommes voués à l'angoisse, car tout est éphémère dans la création et rien ne maîtrise parfaitement les circonstances, pas même nous ! Ce monde n'offre pas la stabilité dont nous avons besoin pour vivre sans inquiétudes. Si nous plaçons notre espérance dans des réalités précaires, notre situation devient précaire. Notre loyauté est partagée entre une chose créée, par exemple l'argent, et Dieu. Quelque chose dans la création, même quelque chose de bon, prend la place que Dieu seul mérite d'occuper dans notre vie. Chaque fois que nous fondons notre espérance ultime sur une réalité de ce monde, nous devenons inquiets. Et plus cette habitude est ancrée en nous, plus les inquiétudes augmentent.

Nos décisions de tous les instants révèlent ce qui importe le plus à nos yeux. Nous affirmons peut-être, en théorie, que Dieu est le plus important et qu'il est maître de nos vies, mais il est difficile de mettre la théorie en pratique dans les situations de tous les jours.

En d'autres termes, l'inquiétude est une préoccupation excessive qui découle d'un «amour excessif» pour une réalité autre que Dieu. Une préoccupation légitime est le résultat d'un amour sain qui ne surpasse pas notre affection à l'égard de Dieu. L'indifférence est un manque d'amour. Elle est l'opposé de l'inquiétude, mais elle n'en constitue ni l'antidote ni le remède.

La gamme des inquiétudes

Les causes de l'inquiétude varient selon les circonstances de la vie. L'angoisse se manifeste à différents degrés et de différentes manières selon la personnalité de chacun. Certains s'inquiètent plus facilement, d'autres ressentent une certaine indifférence naturelle. Par conséquent, ce livre parlera à chaque lecteur de façon individuelle et diverse, selon son caractère et sa situation présente. Traçons un schéma pour nous aider à comprendre :

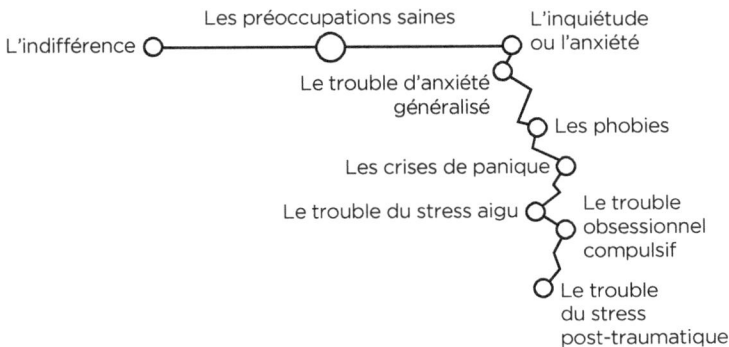

L'indifférence ○————— Les préoccupations saines ○————— L'inquiétude ou l'anxiété ○
Le trouble d'anxiété généralisé ○
Les phobies ○
Les crises de panique ○
Le trouble du stress aigu ○ — Le trouble obsessionnel compulsif ○
Le trouble du stress post-traumatique ○

- *La préoccupation* : Se faire du souci n'est pas mauvais en soi. Au contraire, on utilise alors ses talents et ses dons de façon responsable afin de régler les situations préoccupantes. Les Écritures n'enseignent pas à vivre une vie passive, comme si nos actions n'avaient aucune importance.
- *L'inquiétude* : Lorsqu'une préoccupation dépasse le simple souci, les inquiétudes ou l'anxiété (les deux termes renvoient à une même réalité) nous assaillent alors dans toute leur diversité et leur amplitude.

Plus l'anxiété augmente, plus elle devient envahissante et débilitante pour l'individu et ses relations. Les psychologues ont développé un lexique psychiatrique dans le but de définir les différents degrés d'anxiété. Les termes utilisés décrivent le sentiment d'angoisse et son impact potentiel sur la vie d'un individu et de ses relations. On entend de plus en plus souvent les expressions suivantes dans les conversations de tous les jours :

- Le trouble d'anxiété généralisé (TAG)
- Les phobies : une anxiété associée à un objet. La peur de prendre l'avion ou de parler en public, la peur des foules ou des araignées, etc.
- Les crises de panique
- Le trouble obsessionnel compulsif (TOC)
- Le trouble du stress aigu
- Le trouble du stress post-traumatique (TSPT)

Tous ces troubles trahissent des souffrances qui doivent être prises au sérieux, quelle que soit l'étiquette qu'on y appose. En général, lorsque l'inquiétude se manifeste par ce type de troubles sévères, on se trouve en présence de problèmes passés qui continuent à avoir des répercussions aujourd'hui. De plus, l'anxiété ressentie comporte parfois une composante physiologique, comme une accélération du rythme cardiaque, des difficultés respiratoires, etc. Les progrès et les changements représentent un défi supplémentaire dans de tels cas, mais ils sont possibles. L'inquiétude est d'abord un problème de l'âme, mais on ne doit pas minimiser les autres facteurs importants qui rendent la lutte contre l'anxiété plus intense et envahissante. Les vérités des Écritures nous aident et s'appliquent à toutes les situations de la vie. Ces troubles correspondent à différents degrés d'une seule et même réalité : l'anxiété ou l'inquiétude. Ne nous décourageons pas. Quelles que soient nos difficultés, Dieu n'a pas dit son dernier mot.

Qu'en est-il de la crainte ?

Un autre thème s'ajoute au sujet traité dans ce livre : la crainte. Craindre quelque chose ou quelqu'un signifie que l'on ressent à son égard une impression si vive et si profonde qu'elle dicte les émotions et les comportements. En général, ce sentiment est vu de manière négative, mais la Bible cite la crainte de Dieu comme une attitude positive. Pour quelle raison ? Parce qu'il est bon d'être impressionné par Dieu, de reconnaître la grandeur de sa personne et d'entretenir avec lui une relation qui transforme nos sentiments et nos actions. C'est la raison pour laquelle le roi Salomon écrit :

La crainte de l'Éternel est le commencement de la science (Pr 1.7*a*).

Et le psalmiste d'ajouter :

Mais le pardon se trouve auprès de toi, afin qu'on te craigne (Ps 130.4).

Lorsque nous comprenons la majesté et la grâce du Dieu créateur et sauveur, il nous impressionne et cette admiration se reflète dans notre manière de vivre. Cette crainte est juste et bonne, car Dieu mérite tout notre respect. Nous élevons au rang de «dieu» toute autre chose qui nous inspire de la crainte.

La Bible nous ordonne de ne pas nous inquiéter et elle nous appelle également à ne pas avoir peur et à ne pas craindre ce que craint le monde. À l'inverse, il est juste et bon de craindre Dieu ou d'être émerveillé par lui, car il est admirable, grand, bienveillant et puissant. En réalité, une telle crainte de Dieu permet d'affronter toutes les peurs, les angoisses et les inquiétudes de manière nouvelle et libératrice.

Découvrir ce que nous aimons trop

Voici une première question : «Qu'est-ce qui *vous* inquiète le plus?» L'inquiétude est causée par un amour excessif pour quelque chose, de sorte que toutes nos préoccupations ne visent qu'un seul but: obtenir, garder ou accroître l'objet de nos désirs. Qu'est-ce qui correspond à cette description dans votre vie? L'inquiétude est le signe qu'un autre dieu fonctionnel occupe la place que Dieu seul devrait occuper. Personne n'y échappe. Voici quelques exemples concrets de bienfaits courants qui ont le potentiel de devenir des dieux :

- *La carrière* : Si on aime le travail à l'excès, si on le considère comme la source ultime de sa valeur et de sa sécurité financière, les préoccupations se multiplieront. Lorsque la carrière est plus importante que Dieu, on s'inquiète de ses performances, sans parler de l'angoisse à l'idée de perdre son emploi ou de ne pas recevoir la reconnaissance de ses mérites.

- *Le conjoint :* Si on se tourne d'abord vers sa femme ou son mari pour recevoir de l'amour, la relation de couple sera une source d'inquiétude. La peur d'être abandonné ou même rejeté nous hantera, car nos attentes envers l'autre ou envers nous-mêmes dépasseront de loin ce qui est raisonnable.
- *La réputation :* Si l'opinion des autres importe plus que tout et que nous basons notre valeur sur leur jugement, notre cœur ne sera jamais en paix. La crainte de poser un geste insensé ou de commettre une erreur est omniprésente lorsque la réputation importe plus que Dieu. Nous tentons alors d'impressionner les gens et toute remise en question nous place sur la défensive.
- *Les enfants :* Si on trouve dans ses enfants sa raison d'être ou son importance, on les aime trop. Si les enfants et leur avenir s'avèrent plus importants que Dieu, chacune de leurs décisions sera un sujet d'inquiétude. On devient alors des parents surprotecteurs ou trop critiques.
- *La bonne conduite morale :* Si la destinée éternelle d'une personne dépend d'une bonne conduite morale, ses performances prendront des proportions démesurées. Dans ce cas, on minimisera ses erreurs, on cherchera des excuses ou on jugera les autres dans le but de s'élever soi-même au-dessus d'eux.

Quelle que soit la bénédiction que nous aimons à l'excès, si elle devient plus importante que Celui qui la donne, l'inquiétude nous rongera et, contre toute attente, nous compromettrons cette bénédiction.

L'inquiétude : une belle occasion

Comment l'inquiétude se transforme-t-elle en occasion favorable ? Elle nous permet de découvrir ce qui suscite plus d'intérêt de notre part que Dieu lui-même. Les préoccupations excessives révèlent ce qu'on aime trop. Voilà une belle occasion de grandir.

J'ai tendance à accorder une grande importance à l'ordre, car il me donne un sentiment de contrôle et de bien-être. Lorsque je suis trop préoccupé par l'organisation de mon monde, je deviens autoritaire et impatient avec les gens autour de moi. J'ai dû, par exemple, m'exiler dans un café pour écrire ce chapitre à cause d'une violente tempête de neige qui s'est abattue sur la région où j'habite. Nous sommes privés d'électricité depuis mardi. C'est aujourd'hui vendredi. La situation actuelle menace ma capacité à gérer mon petit univers. De plus, le système de chauffage ne fonctionne plus à la maison, ce qui met en péril mon bien-être.

Quelle sera ma réaction ? L'indifférence ? Je laisse ma femme régler les problèmes de la maison et mon éditeur devra s'arranger si mon travail est en retard ! L'inquiétude ? Je m'énerve et je manifeste mon impatience envers ma famille et la compagnie d'électricité. Je me concentre sur mes problèmes ou je prends des nouvelles de mes voisins afin de leur offrir mon aide ? Bref, mon désir de retrouver l'électricité l'emportera-t-il sur mon amour pour Dieu ? Est-ce que je le laisserai diriger la situation comme il l'entend en cherchant en lui mon réconfort ?

Curieusement, lorsque Dieu est plus important pour moi qu'une situation donnée, je deviens plus apte à la résoudre ou à m'en occuper et ainsi, je suis plus utile aux autres. Une âme passionnée pour la gloire de Dieu ici-bas procure d'innombrables bienfaits. On croit généralement qu'on sera plus efficace en se concentrant sur les circonstances présentes. En réalité, fixer son attention sur Dieu nous libère réellement et nous permet de vivre avec sagesse et générosité les différentes situations de la vie. Un mode de vie axé sur le royaume de Dieu semble illogique, mais c'est le seul qui soit véritablement logique.

Rappelons-nous que nous faisons continuellement face à de telles décisions. Elles semblent porter sur des sujets banals, mais elles revêtent une très grande importance. Une vie entière peut être influencée par un événement précis, traumatisant et marquant, mais pour la majorité d'entre nous, elle est façonnée par des décisions et des réactions quotidiennes échelonnées sur une longue période. Les traits de caractère se forgent au fil des années. Si je ne veille pas chaque jour à ma progression dans la grâce, je serai mal préparé pour affronter les épreuves plus difficiles.

Quel est donc le remède à l'anxiété ?

Le reste de ce livre tentera de répondre à cette question ! Mais examinons sans tarder une des raisons données par Jésus pour bannir l'inquiétude. Dans le passage de l'Évangile selon Matthieu cité auparavant, un verset appuie notre exposé jusqu'à maintenant. Jésus sait exactement comment cibler le cœur d'un problème et y apporter une solution profonde et sérieuse :

> Cherchez premièrement le royaume et la justice de Dieu ; et toutes ces choses vous seront données par-dessus (Mt 6.33).

Jésus nous ramène aux bonnes priorités. Il demande : « *Pour quoi vivez-vous ?* » Il nous appelle à réorienter nos vies vers Dieu et vers ses priorités. Il sait qu'aussi longtemps que nous vivrons pour des réalités secondaires, et non pour lui, nous serons accablés par des préoccupations excessives. L'anxiété sera notre lot quotidien, car tout ce qui n'est pas rattaché au royaume de Dieu et à sa justice est passager. Citant Ésaïe 40.6-8, l'apôtre Pierre énonce le constat suivant à propos du monde présent :

> Car toute chair est comme l'herbe, et toute sa gloire comme la fleur de l'herbe. L'herbe sèche, et la fleur tombe ; mais la parole du Seigneur demeure éternellement (1 Pi 1.24,25).

Gardons ce qui est essentiel et important au premier plan et reléguons au second plan les choses de moindre importance. Donnons la priorité au royaume de Dieu, examinant toutes choses à la lumière de la foi. Considérons le passé, le futur et le présent selon les vérités de l'Évangile. C'est le sujet des prochains chapitres.

QUESTIONS DE RÉFLEXION

1. Comment expliqueriez-vous à quelqu'un, en une minute, ce qu'est l'inquiétude ?

2. En général, comment réagissez-vous lorsque vous êtes inquiet ? Êtes-vous porté à vous isoler ou à être davantage sur vos gardes ?

3. La distinction entre une préoccupation saine et une préoccupation excessive n'est pas toujours claire. Quelle attitude ou quel comportement vous aide à déceler que vous êtes passé de l'une à l'autre ?

4. Comment vos inquiétudes révèlent-elles ou pourraient-elles révéler ce que vous aimez trop ?

5. Y a-t-il une personne de votre entourage qui serait prête à prier pour vous pendant votre lecture de ce livre ?

3. L'INQUIÉTUDE ET LE PASSÉ

(PREMIÈRE PARTIE)

Quand on cherche à salir une réputation, on trouve toujours quelque chose.

Robert Penn Warren est un grand romancier du Sud profond des États-Unis. Dans son célèbre roman *Les fous du roi*, le gouverneur corrompu de la Louisiane, Willie Stark, demande à son ami Jack Burden, un journaliste politique, de trouver quelque chose de compromettant dans le passé de son rival. Burden répond qu'il sera impossible de trouver quoi que ce soit sur ce rival politique précis. Stark rétorque alors avec confiance :

> L'homme est conçu dans le péché ; il vient au monde dans la corruption et passe de la puanteur des langes à la pestilence du linceul. Il y a toujours quelque chose[1].

Stark sait très bien que le passé de chaque individu cache des zones troubles, des faiblesses et des péchés. On trouve toujours quelque chose. La question n'est pas de savoir s'il y *a* quelque

---

1. Robert Penn Warren, *Les fous du roi*, « Domaine étranger », collection dirigée par Jean-Claude Zylberstein, Paris, Les Belles Lettres, 2015, p. 72.

chose, mais qu'en *ferons-nous* ? Bien que la Bible prenne au sérieux la souffrance humaine, elle vise néanmoins à répondre à un plus grand besoin, soit le pardon et la purification de nos péchés et de nos manquements. Nous traiterons des souffrances passées dans le prochain chapitre. Pour l'instant, concentrons-nous sur ce besoin essentiel.

Faire face à ma corruption

À l'âge de dix-sept ans, avant de devenir chrétien, j'ai vécu une expérience particulière. Les « saletés » de mon passé se sont alors révélées peu à peu, non pas au grand jour, mais à mon cœur. Ma conscience est passée à la vitesse supérieure. Ma vie coulait jusque-là comme un long fleuve tranquille, mais brusquement, tout a basculé. J'ignorais alors ce qui m'arrivait, mais je sais maintenant que le Saint-Esprit avait commencé son œuvre en moi. Je croulais sous le poids de ma culpabilité. J'avais l'impression que mes actions passées étaient devenues autant d'individus qui m'accusaient et devant lesquels je me tenais, honteux et accablé. J'avais l'impression d'être dans un tribunal où de nombreux témoins venaient à la barre pour dénoncer mes méfaits, mes échecs, mes faiblesses et mes péchés. C'était presque insupportable.

Pire encore, certains de mes amis me parlaient de « la connaissance de Jésus ». Leurs propos me rappelaient que je ne le connaissais pas ! Je savais qu'il portait le nom de Sauveur, mais il n'était pas mon Sauveur. Je savais qu'on le nommait Fils de Dieu et que je n'avais pas de relation personnelle avec Dieu. Par conséquent, lorsque je me retrouvais en présence d'individus qui avaient compris ces vérités, je parvenais difficilement à les aimer, mais en même temps, ils m'attiraient. Au plus fort de cette crise, j'ai ressenti une angoisse et une peur oppressantes. J'étais envahi d'un sentiment de misère profonde. Tout n'était qu'incohérence autour de moi. Mon entourage, mon monde et le cosmos entier semblaient déjantés.

Conformément à l'évaluation de la nature humaine par Willie Stark, je regardais ma corruption en face et je m'en servais contre moi-même. La réalité simple et brutale de mon péché a eu sur moi l'effet d'une tonne de briques. Je vivais ce que les penseurs modernes appellent une « crise existentielle ». Plusieurs années plus tard, j'ai compris que j'avais connu alors ce que Søren Kierkegaard et les existentialistes modernes ont tenté d'expliquer par le terme *angst* (*angoisse*). Ce mot, d'origine hollandaise et allemande, décrit un intense sentiment d'appréhension, d'anxiété ou de trouble intérieur. Le terme « terreur » en français se rapproche de l'idée véhiculée par *angst*. Il décrit l'impression que nous avons de vivre dans un monde fragmenté, où les individus sont déconnectés d'eux-mêmes, des autres, de l'univers entier et en fin de compte, de Dieu. Bien que les existentialistes modernes saisissent l'expérience humaine de l'*angst*, la plupart n'associent pas cette rupture à notre état de pécheurs séparés de Dieu. C'est là que les Écritures posent un regard beaucoup plus profond sur la cause de notre séparation.

Avez-vous déjà éprouvé de tels sentiments ? Êtes-vous en proie à ce type d'émotions en ce moment même ? Si tel est le cas, quel moyen avez-vous utilisé jusqu'à maintenant pour tenter de les surmonter ? Vos efforts ont-ils donné de bons résultats ?

Malheur à moi !

À la lecture de la Bible, je me rends compte qu'elle cerne ma désorientation mieux que tous les livres de littérature ou de philosophie que j'ai lus. Je découvre dans la Bible que la réalité est pire que je le croyais. Heureusement, la Bible me donne également une espérance inconnue jusqu'ici. Deux passages trouvent en moi un écho particulier. D'abord, le prophète Ésaïe décrit ainsi la prise de conscience de son péché et de son impureté :

> L'année de la mort du roi Ozias, je vis le Seigneur assis sur un trône très élevé, et les pans de sa robe remplissaient le temple. Des séraphins se tenaient au-dessus de lui ; ils avaient chacun six ailes ; deux dont ils se couvraient la face, deux dont ils se couvraient les pieds, et deux dont ils se servaient pour voler. Ils criaient l'un à l'autre, et disaient :

> Saint, saint, saint est l'Éternel des armées ! toute la terre est pleine de sa gloire !

> Les portes furent ébranlées dans leurs fondements par la voix qui retentissait, et la maison se remplit de fumée. Alors je dis : Malheur à moi ! je suis perdu, car je suis un homme dont les lèvres sont impures, j'habite au milieu d'un peuple dont les lèvres sont impures, et mes yeux ont vu le Roi, l'Éternel des armées (És 6.1-5).

En présence du Saint d'Israël, Ésaïe ne peut que s'écrier : « Malheur à moi ! » Ce cri est empreint d'un sentiment de terreur profonde et d'abandon. Il est « perdu ». Le mot traduit par « malheur » signifie « ruiner » ou « s'écrouler ». Ésaïe déclare littéralement : *je vais m'éteindre, je suis fini, retranché de ce monde, condamné à mourir.* Il exprime avec plus de clarté et d'éloquence ce que les existentialistes du xxe siècle ont tenté de décrire. Pour eux, l'humanité est seule dans l'univers. La vie n'a pas de sens. L'humanité est un accident de la nature et elle cherche un sens à cette vie qui n'a aucun sens. Ésaïe, cependant, se trouve dans une situation pire que celle dépeinte par ces philosophies. Il se tient devant le seul vrai Dieu personnel dont la sainteté équivaut à l'anéantissement de son existence. Il n'est pas simplement seul, il se sent littéralement mort. L'univers froid et impitoyable ne représente pas son principal problème. Son problème est le Dieu vivant et parfait.

Dans son livre *Isaiah: God Saves Sinners* (Ésaïe : Dieu sauve les pécheurs), Ray Ortlund cite l'ouvrage de John Oswalt, *The Book of Isaiah, Chapters 1-39* (Le livre d'Ésaïe : chapitres 1 à 39) et le commente ainsi :

> Une telle rencontre ne peut que produire du désespoir. En effet, lorsqu'un être limité, mortel, incomplet et faillible est mis en présence de l'Être infini, éternel, immanent et infaillible, il reconnaît immédiatement la futilité et la désolation de sa propre existence » [...] Ésaïe n'est pas accablé en raison de ses limites, mais à cause de son impureté. Le principal aspect de la sainteté de Dieu qui le distingue des êtres humains n'est pas son essence, mais son caractère [...] Ésaïe est frappé de plein fouet par le fait que son caractère et celui de son peuple ne cadrent pas avec le caractère de Dieu. *(Traduction libre.)*

À la vue de son impureté, Ésaïe est accablé. Il a beau être prophète et avoir consacré sa vie à servir Dieu, il est pécheur. Il y a toujours quelque chose.

L'intensité de mon expérience ne se compare pas à celle d'Ésaïe, mais elle est du même ordre. De plus en plus conscient de mes limites et surtout de mon péché, une angoisse (*angst*) profonde et persistante ne me quittait plus. La réalisation et le poids des péchés et des échecs passés me faisaient peu à peu sombrer.

Fuir Dieu

Un autre prophète nommé Jonas illustre également mon expérience, mais sous un angle différent. Jonas se voit confier la tâche d'aller prêcher la repentance et le pardon des péchés à un peuple qu'il méprise. Ce peuple est l'ennemi juré de sa nation. En réponse à cet appel sans équivoque de la part de Dieu, Jonas se met littéralement à courir dans la direction opposée à celle désignée par Dieu. Ses actions mettent en lumière son attitude. La désobéissance est le contraire de l'obéissance. Il n'y a jamais de zone grise entre les deux.

Cette vérité faisait peu à peu son chemin dans mon cœur. Je me voyais comme un fils et un citoyen dont la conduite et l'obéissance étaient tout à fait acceptables. Toutefois, cette manière de penser ne servait qu'à me convaincre que je n'avais pas besoin de Dieu! Ce faisant, je le fuyais.

Dieu est compatissant et il inspire cette prière à Jonas qui se trouve alors dans le ventre d'un poisson. Voici les paroles désespérées de Jonas lorsqu'il prend conscience de son grand besoin de Dieu:

> Dans ma détresse, j'ai invoqué l'Éternel, et il m'a exaucé; du sein du séjour des morts j'ai crié, et tu as entendu ma voix. Tu m'as jeté dans l'abîme, dans le cœur de la mer, et les courants d'eau m'ont environné; toutes tes vagues et tous tes flots ont passé sur moi. Je disais: Je suis chassé loin de ton regard! Mais je verrai encore ton saint temple. Les eaux m'ont couvert jusqu'à m'ôter la vie, l'abîme m'a enveloppé, les roseaux ont entouré ma tête. Je suis descendu jusqu'aux racines des montagnes, les barres de la terre m'enfermaient pour toujours (Jon 2.3-7a).

D'une part, Ésaïe dépeint l'expérience de celui qui voit le contraste saisissant entre son péché et la perfection absolue de Dieu. D'autre part, Jonas décrit l'expérience de celui qui voit à quel point le péché le sépare de Dieu et le pousse, en définitive, à fuir loin de lui et de sa présence. Ésaïe goûte à la mort et Jonas, par le constat de sa souillure et sa descente dans les profondeurs de l'océan, prend conscience de sa grande séparation d'avec Dieu.

Jésus s'occupe de l'angoisse

Avez-vous déjà ressenti cette *angst* à un degré plus ou moins important ? D'une certaine façon, c'est une bonne nouvelle. On prend conscience de son besoin de la grâce et du pardon de Dieu seulement lorsque les péchés passés et leurs effets sur la relation avec Dieu produisent une inquiétude profonde. Une préoccupation saine, dans ce cas une inquiétude suscitée par Dieu, conduit à des actions sages et à des prières confiantes. En ce qui concerne l'impureté, toutefois, c'est Dieu qui agit et la sagesse consiste simplement à se soumettre à son œuvre. Dans le cas d'Ésaïe, Dieu envoie un ange qui purifie sa bouche avec une braise provenant de l'autel. Le feu de la présence de Dieu amène le jugement, mais également la purification. Au début du ministère de Jésus, Jean-Baptiste déclare ceci à son sujet :

> Lui, il vous baptisera du Saint-Esprit et de feu. Il a son van à la main ; il nettoiera son aire, et il amassera son blé dans le grenier, mais il brûlera la paille dans un feu qui ne s'éteint point (Mt 3.11*b*,12).

Jésus vient à la fois pour consumer et purifier, pour juger et sauver. Comment un pécheur impur sera-t-il lavé de sa souillure et paraîtra-t-il purifié devant Dieu ? Il n'existe qu'un seul moyen : contempler Jésus à la croix et accepter qu'il ait subi à notre place le feu dévorant du jugement de Dieu. Le Fils de Dieu, d'une pureté absolue, a pris la place d'individus impurs, comme vous et moi. Il a subi la punition que nous méritions et il nous a ainsi acquis le privilège de nous présenter devant Dieu pardonnés, lavés et purifiés. À l'instar d'Ésaïe, nos péchés peuvent être pardonnés parce que Jésus a été «brûlé à mort» par le feu ardent et dévorant de Dieu. À cause de ses souffrances, nous ressentons maintenant les effets de son feu purificateur, soit la puissance et la présence du Saint-Esprit en nous qui nous aide à affronter nos inquiétudes.

L'histoire de Jonas nous fait comprendre ces vérités sous un angle différent. Tout comme Jonas, Jésus a été «jeté par-dessus bord», séparé de son Père non à cause de sa souillure, mais de la nôtre. Du fait de la désobéissance de Jonas, Dieu fait lever une grande tempête. Jonas est jeté dans la mer houleuse, hors du bateau à bord duquel il fuyait. Dieu le sauve d'une noyade certaine en envoyant un grand poisson qui l'engloutit. L'analogie entre l'expérience de Jonas et celle de Jésus peut sembler exagérée, mais c'est Jésus lui-même qui en établit le parallèle :

> Une génération méchante et adultère demande un miracle ; il ne lui sera donné d'autre miracle que celui du prophète Jonas. Car, de même que Jonas fut trois jours et trois nuits dans le ventre d'un grand poisson, de même le Fils de l'homme sera trois jours et trois nuits dans le sein de la terre. Les hommes de Ninive se lèveront, au jour du jugement, avec cette génération et la condamneront, parce qu'ils se repentirent à la prédication de Jonas ; et voici, il y a ici plus que Jonas (Mt 12.39-41).

Voyez-vous le parallèle ? L'expérience de Jonas laisse entrevoir la mort, l'ensevelissement et la résurrection de Jésus. Jonas coule en raison de sa propre désobéissance, puis il est sauvé de la mort. Jésus sombre à cause de notre désobéissance jusque dans la mort, mais il sort du tombeau, comme Jonas est sorti du poisson et, par la foi, nous aussi nous sommes rendus à la vie en Jésus-Christ (Ép 2.4-8).

Il est absolument nécessaire de sentir le poids des péchés passés et l'angoisse à la vue de notre nature et de nos œuvres corrompues, avant d'être en mesure de déposer ce fardeau au pied de la croix et d'apprécier à sa juste valeur le sacrifice de Jésus portant nos péchés. Avec le recul, je réalise que le Saint-Esprit me persuadait peu à peu de mon impureté et de ma séparation d'avec Dieu dans le but de me révéler la croix et la grâce.

Le pasteur John Newton a écrit plusieurs cantiques. Un des plus célèbres s'intitule *Grâce infinie*. Plusieurs se souviennent du premier couplet, mais peu connaissent le second. John Newton y décrit le double travail du Saint-Esprit qui met à profit l'union de l'*angst* et de la culpabilité pour sauver un individu de lui-même:

La grâce a mis la crainte en moi
Et m'en a délivré.
Ô grâce, précieuse à ma foi
Lorsque j'y ai cédé[2].

L'Évangile affirme que nos craintes sont légitimes, car nous sommes pécheurs. Mais l'Évangile bannit également nos craintes et notre angoisse en révélant le moyen par lequel notre péché peut être pardonné en entier et de façon définitive.

Déposer son passé aux pieds de Jésus

Quelle est la leçon à tirer de tout cela? Si vous n'êtes pas chrétien, si vous n'avez jamais demandé sincèrement à Jésus, le Fils de Dieu, de prendre sur lui vos péchés, de subir votre condamnation et votre séparation d'avec Dieu, vous avez toutes les raisons du monde d'éprouver une grande crainte en pensant à vos péchés passés. Personne n'est irréprochable. Notre passé est toujours entaché et même, souillé de plusieurs péchés, car nous avons

2. *Chants d'Espérance*, 43ᵉ éd., Port-au-Prince, Haïti, La Presse Évangélique, 2016, p. 206.

tous désobéi à Dieu. Ne tentons pas d'excuser, de minimiser ou d'ignorer le péché. Jonas a constaté que cette attitude ne donne pas de bons résultats.

Ne nions pas l'évidence. Ressentons l'angoisse et prenons ensuite conscience que nous n'avons rien à craindre. Jésus a payé la dette du péché de sorte qu'elle est complètement effacée. Laissons l'angoisse des péchés passés nous conduire à lui. John Stott, un auteur chrétien renommé, affirme qu'il n'y a rien de mal à éprouver de la honte et de la culpabilité, à condition qu'elles nous conduisent à Jésus-Christ!

Êtes-vous chrétien et cependant encore troublé par des péchés du passé? Vous avez peut-être reçu la grâce purificatrice de Dieu en Jésus-Christ, mais des séquelles de péchés passés sont visibles encore aujourd'hui. Si tel est le cas, ces conséquences servent à nous rappeler que la désobéissance a toujours un effet d'entraînement. Loin de nous angoisser, cette réalité nous pousse alors à déployer tous les efforts possibles pour fuir le péché et persévérer dans l'obéissance. N'oublions jamais, toutefois, que tous nos péchés passés sont pardonnés. Nous ne passerons pas en jugement, puisque Jésus a subi la condamnation que nous méritions, il est notre substitut.

Si des péchés passés nous inquiètent, cette inquiétude n'est pas justifiée. Pourquoi? Parce que Jésus a ôté nos péchés. Elle révèle sans doute qu'au fond, nous croyons qu'il faut gagner l'approbation de Dieu, car il n'aime que les gens aimables. Nous attachons alors trop d'importance à notre propre obéissance, ce qui nous incite à fuir loin de Dieu ou à nous demander avec angoisse ce qu'il pense de nous. Dans ces conditions, nous nous éloignons de lui un peu plus chaque jour ou nous tentons avec l'énergie du désespoir de repousser son jugement loin de nous. Personne ne peut vivre en portant un tel fardeau. Cette manière de penser ne reflète qu'un côté de la médaille, soit la malédiction. Pourtant, Jésus est devenu malédiction pour nous, il nous a délivrés et nous a donné la liberté de vivre en enfants bien-aimés de Dieu. L'angoisse produite par le péché devrait toujours nous conduire à la croix plutôt qu'à l'inquiétude.

La voix de Dieu est plus puissante

Des événements ou des gestes passés commis par vous ou contre vous ajoutent-ils à vos inquiétudes ou en sont-ils la cause? L'histoire de chaque personne est unique. Un grand nombre d'individus éprouvent de l'angoisse en pensant aux fautes et aux échecs passés ou aux péchés commis contre eux. On s'inquiète du présent à cause du passé. On a l'impression de ne pas pouvoir échapper à ce qu'on était, à ce qu'on a fait ou encore aux actes commis contre nous (le prochain chapitre traitera de ce sujet plus en détail).

Vous ressentez peut-être une honte profonde à cause d'un geste commis par vous ou contre vous. Un sentiment de culpabilité et d'indignité vous laisse pratiquement sans vie ou vous entraîne dans une spirale descendante, de plus en plus loin de la joie de connaître et de servir Dieu. Si cette description vous ressemble, le temps est venu, tout en lisant, de vous rappeler le salut et la compassion de Dieu et de prendre conscience que vos péchés et vos échecs passés ne sont plus ce qui vous caractérise. Certaines conséquences se font parfois sentir toute la vie et occasionnent des difficultés, mais elles ne peuvent jamais avoir le dernier mot sur vous ou contre vous, car la voix de Dieu est plus puissante et il vous déclare pardonné, purifié et aimé en Jésus-Christ. Si vous êtes chrétien, quelles que soient vos expériences, l'événement le plus important de «votre passé» est la croix.

Le problème de la myopie spirituelle

Nous devons aller à la croix chaque jour, car dans vingt-quatre heures, aujourd'hui sera déjà hier. Les péchés commis aujourd'hui recèlent le potentiel de culpabilité et d'anxiété de demain. Nos péchés passés reviennent nous hanter et l'appel à lutter contre l'anxiété qu'ils suscitent se répète chaque jour.

L'apôtre Paul nous livre sa propre expérience dans l'épître aux Romains où il décrit son trouble intérieur persistant. Il est conscient qu'il fait ce qu'il ne devrait pas et qu'il ne fait pas ce qu'il devrait :

> Car je ne sais pas ce que je fais : je ne fais point ce que je veux, et je fais ce que je hais (Ro 7.15).

Comment réagit-il à ce problème ? Il s'exhorte lui-même, ainsi que ses lecteurs :

> Qui me délivrera de ce corps de mort ? [...] Grâces soient rendues à Dieu par Jésus-Christ notre Seigneur ! [...] Il n'y a donc maintenant aucune condamnation pour ceux qui sont en Jésus-Christ (Ro 7.24*b*,25 ; 8.1).

À mon sens, Paul décrit la tension quotidienne vécue par le croyant. Tout chrétien expérimente à la fois les vérités exprimées dans Romains 7.15 et 8.1. La seule façon de demeurer réaliste, sain d'esprit et paisible consiste à garder un juste équilibre entre ces réalités. Romains 7.15 permet de faire face aux problèmes avec honnêteté au lieu de les nier, de les dissimuler ou de les minimiser, mais l'optimisme est de mise, car Romains 8.1 est également vrai.

L'apôtre Pierre connaît aussi ces principes. Il sait que la culpabilité et l'inquiétude causées par des péchés passés rendent les croyants sans force et incapables de progresser dans leur vie chrétienne. Il appelle ses lecteurs à rechercher la vertu, la connaissance, la maîtrise de soi, la patience, la piété, l'amitié fraternelle et l'amour, sachant que la foi dans les promesses de Dieu constitue le fondement et la source de ces qualités. Pourquoi ?

> Car si ces choses sont en vous, et y sont avec abondance, elles ne vous laisseront point oisifs ni stériles pour la connaissance de notre Seigneur Jésus-Christ. Mais celui en qui ces choses ne sont point est aveugle, il ne voit pas de loin, et il a mis en oubli la purification de ses anciens péchés (2 Pi 1.8,9).

Voyez-vous où Pierre veut en venir ? Nous nous concentrons parfois sur nos péchés passés en oubliant que tous nos péchés sont pardonnés. Nous oublions qu'il n'y a maintenant *aucune* condamnation pour ceux qui sont en Jésus-Christ. Nous souffrons alors de myopie, ne voyant que ce qui est évident, à portée de notre vue : les échecs, les manquements et les péchés. Nous devenons ainsi inefficaces, paralysés et remplis d'inquiétude plutôt que d'espérance. L'idée qu'on ne peut être utile à Jésus-Christ à cause d'actions passées ou récurrentes s'explique par une myopie spirituelle. Nous devons cultiver une vision claire et nous concentrer non seulement sur la vérité exprimée dans Romains 7.15, mais également sur la réalité puissante et motivante de Romains 8.1. Nos péchés passés ont été pardonnés. Nous ne sommes plus condamnés et nous ne le serons jamais.

Je passe beaucoup de temps à offrir des services de counseling pastoral depuis une trentaine d'années. Je vois souvent des individus qui vivent un blocage et ne progressent plus dans leur vie chrétienne. Tôt ou tard au cours de nos rencontres, nous découvrons un péché passé, une pratique répréhensible ou une expérience profondément humiliante qui me fait penser à une énorme bille de bois prise dans l'engrenage d'un moulin. Le moulin se retrouve au point mort, car la bille en bloque le mécanisme. Il faut du temps et de la patience pour localiser le rondin du péché ou de l'expérience humiliante coincé dans le cœur de la personne. Et il faut encore plus de temps pour comprendre que la grâce de l'Évangile constitue le seul espoir pour déloger le péché et la honte.

Il n'y a maintenant aucune condamnation

Êtes-vous en proie à des inquiétudes et à des angoisses causées par des échecs et des péchés passés? Si tel est le cas, les avez-vous identifiés clairement et vos pensées se concentrent-elles davantage sur le passé que sur Jésus-Christ? Dans ces conditions, fixez votre attention sur Jésus et sur les réalités d'en haut. Si vous y parvenez difficilement, demandez l'aide et les prières d'une personne ou d'un groupe. Je vous encourage à crier à Dieu pour qu'il vous accorde une compréhension renouvelée de sa grâce envers vous, autant sur le plan du cœur que de l'intellect. Ne cédez pas à la myopie spirituelle en considérant uniquement la réalité de Romains 7.15. Priez afin que votre vision s'améliore et que Romains 8.1 s'enracine profondément dans votre cœur.

Lorsque le péché est une cause d'*angst*, souvenez-vous que Jésus est mort dans ce monde pour le péché. Nul besoin donc de porter le fardeau de l'angoisse provoquée par l'impureté et la séparation. Encouragez-vous par ces paroles: *Il n'y a maintenant aucune condamnation pour moi, car je suis en Jésus-Christ. Nul besoin d'être angoissé à cause de ce que j'ai fait parce que mon Dieu est mort pour moi à la croix. Jésus a porté mon fardeau, ma honte et mon angoisse à la croix.* Après avoir évoqué ces vérités, parlez à Dieu et remerciez-le pour sa grâce rédemptrice. Demandez-lui de vous aider à progresser en vous appuyant sur sa grâce.

QUESTIONS DE RÉFLEXION

1. Quels événements précis de votre passé vous causent le plus d'inquiétude? S'agit-il de péchés que vous avez commis ou d'une expérience traumatisante qui vous est arrivée?

2. De quelle manière l'expérience d'Ésaïe ou de Jonas vous parle-t-elle?

3. Êtes-vous conscient que l'inquiétude et la crainte suscitées par vos péchés passés peuvent être positives si elles vous poussent à recevoir la grâce et la compassion de Dieu?

4. Avez-vous déjà déposé vos péchés au pied de la croix et professez-vous une foi personnelle en Jésus-Christ? Si vous n'avez jamais reçu le salut qu'il vous offre, pourquoi ne pas le faire maintenant?

5. Si vous êtes chrétien, souffrez-vous de myopie spirituelle lorsque vous considérez certains aspects de votre vie? Qu'est-ce qui pourrait changer si vous gardiez toujours la croix présente à votre esprit?

4. L'INQUIÉTUDE ET LE PASSÉ

(DEUXIÈME PARTIE)

Cynthia a grandi dans un foyer où elle était victime d'abus. Au début de son adolescence, ses parents l'injuriaient et elle souffrait de graves carences affectives. Elle a même été agressée sexuellement. Aujourd'hui dans la trentaine, l'anxiété la ronge depuis des années. Elle souffre en outre de dépression, de crises d'angoisse, de troubles alimentaires, d'automutilation et de pensées suicidaires. Elle dort mal et fait souvent des cauchemars.

Tom a grandi dans une famille de militaires. Il déménageait tous les trois ou quatre ans et se sentait souvent comme «le petit nouveau». À quelques reprises, il a été victime de violence et d'intimidation. Parvenu à l'âge adulte et en raison de ses expériences, Tom vit en général des relations marquées par l'angoisse. Il est aujourd'hui dans la quarantaine et il n'aime pas se retrouver seul dans une foule. Il est également très inquiet lorsqu'il sent des tensions entre lui et une autre personne, ce qui lui occasionne des difficultés dans sa relation de couple et au travail, car il a alors tendance à fuir ou à se quereller.

Jonathan a grandi dans un foyer ordinaire. Ses parents l'aimaient et il avait de nombreux amis. Il était un jeune garçon «comme les autres» et vivait une enfance sans histoire. Cependant, sa vie a basculé en l'espace de quelques secondes le jour où il a été témoin d'un terrible accident de voiture qui a provoqué la mort de plusieurs personnes. Il a assisté de très près à la scène. Ces images du passé sont encore très présentes à son esprit, même après toutes ces années. Elles surgissent à l'improviste et il a alors l'impression de vivre à nouveau cet événement traumatisant.

Susanne, une chrétienne engagée, aimait servir bénévolement dans un ministère avec des amis et d'autres chrétiens. En raison d'un concours de circonstances déroutant, sa réputation s'est trouvée entachée par d'horribles calomnies rapportées à son sujet, au point où on lui a enjoint de quitter le ministère. Plusieurs années se sont écoulées depuis cet événement, mais elle éprouve encore des difficultés à aller à l'église ou à faire des activités qui lui rappellent cette période. Son évaluation annuelle au travail est particulièrement pénible. Elle vit chaque fois une angoisse profonde au cours des semaines précédant sa rencontre avec son superviseur.

Les éléments déclencheurs

Le dernier chapitre ne s'est peut-être pas avéré aussi utile et profitable que vous l'espériez, car votre anxiété présente n'est pas causée par des péchés passés, mais parce que vous avez été victime de souffrances injustes. Vous vous identifiez peut-être davantage aux individus dont j'ai relaté l'histoire au début du chapitre (même si ces récits sont basés sur des expériences réelles, ils ne décrivent personne en particulier). Ou encore, l'événement passé qui suscite l'angoisse dans votre vie présente est différent et on pourrait l'ajouter à la liste figurant dans l'introduction. Et si votre passé ne vous cause pas ce type de souci, vous connaissez sans doute quelqu'un ou vous vivez avec une personne qui lutte en ce sens.

Le souvenir d'un traumatisme passé, quelle qu'en soit la gravité, se prolonge parfois jusque dans le présent. Il est ranimé par ce qu'on appelle des « éléments déclencheurs », ces choses qui rappellent l'événement passé et ramènent dans le présent l'anxiété et la peur qui y sont associées. Cynthia, par exemple, pourrait être troublée par une photo de famille, une odeur ou une visite à la maison familiale où les mauvais traitements se sont produits. Jonathan aura du mal à regarder le journal télévisé du matin où l'on présente en continu le réseau routier avec la circulation et les accidents. Tom éprouve de l'anxiété lorsqu'il se sent attaqué ou critiqué. Susanne ressent de l'angoisse chaque fois qu'on lui demande de chanter un des cantiques préférés du groupe dont elle faisait partie.

Quels sont vos éléments déclencheurs ? Il est important de connaître ce qui vous rend anxieux aujourd'hui à cause d'expériences passées, mais cette connaissance ne suffit pas. Vous voulez également savoir comment calmer cette angoisse soudaine.

Le Dieu de la Bible et la souffrance

Cet aspect de l'anxiété pourrait faire l'objet d'un livre entier. En fait, j'ai écrit un petit ouvrage dans lequel j'analyse le trouble du stress post-traumatique : *PTSD: Healing for Bad Memories* (TSPT : la guérison des mauvais souvenirs, en anglais seulement). Lorsque l'anxiété présente est associée à des aspects du passé, la lutte contre l'inquiétude s'avère en général plus difficile et accentuée. Le combat est encore plus ardu si des composantes historiques, relationnelles et psychologiques se mêlent à l'angoisse existante.

Cela ne signifie pas que le Dieu de la Bible soit incapable d'apporter un réconfort profond et d'exercer sa grâce puissante pour nous aider à changer et à progresser.

Deux pièges nous guettent lorsque nous traitons un problème, quelle qu'en soit la nature. D'abord, la description d'une angoisse causée par des événements passés ne doit pas être simpliste. Chaque personne est unique et complexe. Cette complexité est mal comprise si l'on classe les individus dans des catégories préétablies. Ensuite, on ne doit pas donner l'impression que la Bible est incapable de traiter de certains troubles « pathologiques » parce qu'elle a été écrite avant l'avènement de la psychologie et de la psychiatrie modernes. Bien que ces disciplines soient très profitables, elles ne s'attaquent pas au cœur de l'inquiétude comme le font les Écritures. Il est bon de se rappeler que le problème fondamental de l'être humain est sa rébellion contre Dieu, qu'il en soit conscient ou non. Il est pécheur et il a besoin d'être pardonné. Il est également important de savoir que Dieu a déjà vaincu cet obstacle par la vie, la mort et la résurrection de Jésus. Au moyen de la foi en lui, nous sommes des pécheurs pardonnés. Le chapitre précédent a abordé ce sujet, gardons-le présent à l'esprit en poursuivant notre lecture.

Nous savons également que Dieu est loin d'être indifférent à nos souffrances. La Bible ne donne pas d'explication exhaustive sur l'origine du mal et de la souffrance, mais elle fournit une des solutions les plus fiables au problème. Au cœur même de la Bible se trouve le Dieu qui s'est fait homme et a payé lui-même le prix de la délivrance et du pardon des êtres humains. La description de Jésus donnée par Paul illustre merveilleusement bien cette vérité :

> [...] existant en forme de Dieu, il [*Jésus-Christ*] n'a point regardé
> son égalité avec Dieu comme une proie à arracher, mais il s'est

dépouillé lui-même, en prenant une forme de serviteur, en devenant semblable aux hommes; et il a paru comme un vrai homme, il s'est humilié lui-même, se rendant obéissant jusqu'à la mort, même jusqu'à la mort de la croix (Ph 2.6-8).

On découvre dès lors, en Jésus, un Dieu qui s'identifie à nos souffrances parce qu'il a souffert lui-même :

> Il convenait, en effet, que celui pour qui et par qui sont toutes choses, et qui voulait conduire à la gloire beaucoup de fils, ait élevé à la perfection par les souffrances le Prince de leur salut.

> Ainsi donc, puisque les enfants participent au sang et à la chair, il y a également participé lui-même, afin que, par la mort, il rende impuissant celui qui avait la puissance de la mort, c'est-à-dire le diable; ainsi il délivre tous ceux qui, par crainte de la mort, étaient toute leur vie retenus dans la servitude. Car assurément ce n'est pas à des anges qu'il vient en aide, mais c'est à la postérité d'Abraham. En conséquence, il a dû être rendu semblable en toutes choses à ses frères [...] car, du fait qu'il a souffert lui-même et qu'il a été tenté, il peut secourir ceux qui sont tentés (Hé 2.10,14-17,18).

Dans la souffrance, on cherche la présence d'un Dieu comme lui et on souhaite qu'il reste tout près de nous. Il sait. Il compatit. Il comprend.

Des souvenirs transformés

Nous ne pouvons pas changer notre passé, les événements ou les actions commises contre nous. Toutefois, nous pouvons trouver le moyen de vivre aujourd'hui en nous libérant de l'emprise de ces choses. La clé est de chercher à vivre sa vie de manière à en confier la direction à Dieu, plutôt que de se laisser dominer par ses souvenirs. Examinons quelques aspects importants d'une vie vécue avec Dieu et en paix, en dépit des souffrances passées.

Le premier pas : parler à Dieu

À la lecture des Psaumes, on constate qu'un thème particulièrement important s'en dégage. Les auteurs s'adressent à Dieu, quelles que soient leur situation et leurs émotions. La Bible n'invite jamais au fatalisme ou au refoulement. Au contraire. Considérons ces psaumes écrits par David au milieu de souffrances et d'événements traumatisants de sa vie (le premier rend compte de sa fuite devant son propre fils qui cherche à le faire mourir) :

> Ô Éternel, que mes ennemis sont nombreux! Quelle multitude se lève contre moi! Combien disent à mon sujet: Plus de salut pour lui auprès de Dieu! (Ps 3.2,3.)

> Sauve, Éternel! car les hommes pieux s'en vont, les fidèles disparaissent d'entre les fils de l'homme. On se dit des faussetés les uns aux autres, on a sur les lèvres des choses flatteuses, on parle avec un cœur double (Ps 12.2,3).

> Jusqu'à quand, Éternel! m'oublieras-tu sans cesse? Jusqu'à quand me cacheras-tu ta face? Jusqu'à quand aurai-je des soucis dans mon âme, et chaque jour des chagrins dans mon cœur? Jusqu'à quand mon ennemi s'élèvera-t-il contre moi? (Ps 13.2,3.)

Nous n'avons cité que trois psaumes sur 150! Les lamentations et les prières de David ont beau commencer par le désespoir et le découragement, elles ne se terminent pas ainsi. Êtes-vous en mesure de vous exprimer ainsi devant Dieu? Les Psaumes nous apprennent à donner un sens aux événements passés ou présents dans un contexte de foi en Dieu et d'échanges avec lui.

Leur honnêteté absolue nous enseigne à parler à Dieu en toute franchise. Ces conversations honnêtes servent de point de départ incontournable pour transformer l'inquiétude en paix. Le premier pas consiste à parler à Dieu.

Reconnaître la fragilité de la vie

Ceux qui ont beaucoup souffert ne se font plus d'illusions sur le monde dans lequel ils vivent. Ils deviennent parfois pessimistes et fatalistes, mais rien ne les oblige à tomber dans cet état d'esprit infructueux. Quand on vit dans un pays ravagé par la guerre, on comprend la fragilité de la vie. Quand on ignore si on aura de la nourriture pour le prochain repas, on côtoie littéralement la mort de près. Quand on vit avec le poids de souffrances passées, on sait que ce monde ne tourne pas rond, que l'existence humaine est fondamentalement imparfaite et que rien ne garantit que tout ira bien. Cette manière de penser reflète une certaine sagesse qui vient souvent avec l'âge. Pour quelle raison ? Les personnes âgées ont suffisamment de vécu pour savoir ce que la vie a de beau et de moins beau à offrir, elles savent que les bénédictions et les souffrances se succèdent dans chacune de nos vies. L'apôtre Pierre est un homme âgé lorsqu'il cite ces paroles du prophète Ésaïe :

> Car toute chair est comme l'herbe, et toute sa gloire comme la fleur de l'herbe. L'herbe sèche, et la fleur tombe ; mais la parole du Seigneur demeure éternellement (1 Pi 1.24,25*a*).

Pierre sait que la vie est courte. Cette vérité ne le pousse pas au pessimisme, mais au réalisme et à une foi vivante en un Dieu éternel. Les souffrances profondes permettent de comprendre des vérités que peu de gens comprennent. On sait que la vie ici-bas est imparfaite et, aussi étonnant que cela puisse paraître, cette prise de conscience est bénéfique! Acceptons cette réalité, qu'elle nous rapproche de Dieu, renouvelle notre foi en lui et notre besoin de lui.

Se souvenir

Le peuple d'Israël connaît bien la souffrance. Ils ont vécu les douleurs de l'esclavage et leurs proches ont été mis à mort sous leurs yeux. La période décrite par l'Ancien Testament est loin d'être idyllique. Dieu les encourage, toutefois, au cœur même de la peine, de la captivité, de l'esclavage, de l'injustice et du mal par le rappel constant de sa compassion et de sa bonté. Il les exhorte à ne jamais oublier. Les prophètes évoquent fréquemment le salut par grâce dans les moments où le peuple de Dieu se trouve dans un profond désespoir.

Le Psaume 136 en offre un bel exemple. Il relate les principaux événements de l'histoire de la rédemption d'Israël. Il est intégré au culte d'adoration du peuple de Dieu et sert à ancrer des souvenirs et des images plus puissantes que les souffrances vécues. Il s'ouvre avec la Création et évoque les moments marquants de l'histoire du rachat d'Israël. Après chaque déclaration, le peuple répond: «Car sa miséricorde dure à toujours!» Ce leitmotiv est répété 26 fois dans les 26 versets du psaume.

Cette répétition ne témoigne pas d'un manque d'imagination! Le psaume vaut la peine d'être lu en entier. Il enseigne au chrétien la bonne manière de réfléchir chaque jour aux œuvres merveilleuses accomplies par Dieu envers lui, et ce, en dépit des traumatismes et parfois même au travers des épreuves et des difficultés. Il nous invite également à méditer sur l'œuvre grandiose que Dieu accomplit pour nous par le traumatisme de la croix.

Paul exhorte les croyants à réfléchir de la sorte chaque fois qu'ils partagent ensemble le repas du Seigneur:

Car j'ai reçu du Seigneur ce que je vous ai enseigné; c'est que le Seigneur Jésus, dans la nuit où il fut livré, prit du pain, et, après avoir rendu grâces, le rompit, et dit: Ceci est mon corps, qui est rompu pour vous; faites ceci en mémoire de moi. De même, après avoir soupé, il prit la coupe, et dit: Cette coupe est la nouvelle alliance en mon sang; faites ceci en mémoire de moi toutes les fois que vous en boirez. Car toutes les fois que vous mangez ce pain et que vous buvez cette coupe, vous annoncez la mort du Seigneur, jusqu'à ce qu'il vienne (1 Co 11.23-26).

Comprenez-vous le principe? Nous, les chrétiens, faisons partie d'une histoire grandiose qui donne un sens et une espérance à nos histoires individuelles empreintes de peine et d'affliction. La mort du Seigneur est inscrite dans notre passé et le retour du Seigneur est écrit dans notre avenir. Nous devons nous répéter cette histoire sans relâche, jusqu'à ce que le récit de notre vie ne se raconte plus en fonction des événements pénibles d'avant, mais selon l'œuvre passée, présente et future de Dieu pour nous. Nous devons aimer cette histoire au point où notre identité ne se définit plus tant par ce que nous étions autrefois, mais par qui nous sommes pour Dieu et en Dieu. En célébrant et en se remémorant fréquemment ces vérités, les vieux souvenirs qui ne s'effaceront sans doute jamais complètement, seront relégués au second plan et ne constitueront plus l'unique ou le principal schéma narratif de notre vie.

Combattre la tendance à oublier

Pour quelle raison faut-il chercher à se souvenir? Parce qu'il est facile de se rappeler les mauvais souvenirs, mais beaucoup plus difficile de se rappeler les bons. Dans les versets suivants, Pierre souligne à plusieurs reprises l'importance de toujours garder en mémoire la grâce de Dieu:

Voilà pourquoi je prendrai soin de vous rappeler ces choses, bien que vous les sachiez et que vous soyez affermis dans la vérité présente. Et je regarde comme un devoir, aussi longtemps que je suis dans cette tente, de vous tenir en éveil par des avertissements, car je sais que je la quitterai subitement, ainsi que notre Seigneur Jésus-Christ me l'a fait connaître. Mais j'aurai soin qu'après mon départ vous puissiez toujours vous souvenir de ces choses (2 Pi 1.12-15).

Pierre connaît bien la tendance à oublier. C'est pourquoi il s'efforce de rappeler au peuple de Dieu l'œuvre de Jésus-Christ accomplie en sa faveur. Les individus aux prises avec des blessures passées ont tendance à oublier l'amour et la grâce de Dieu, sa souveraineté ou sa bonté envers eux. Nous ne pouvons nous permettre de tomber dans ce piège. Demandons à Dieu de produire en nous le vouloir et le faire afin que nous gardions ces vérités en mémoire, en particulier dans nos moments de faiblesse.

Vivre en communauté

Les conseils donnés jusqu'à présent semblent peut-être judicieux, mais comment trouver la force d'avancer lorsqu'on se sent paralysé ? Dieu a pourvu à un autre contexte relationnel pour grandir. Nous entretenons d'abord une relation avec lui et ensuite, nous nous attachons à d'autres croyants qui nous connaissent et nous portent un amour rempli de sagesse. Nous recevons l'encouragement, les prières et la force de continuer à avancer dans le contexte du corps de Christ (Hé 3.12,13 ; 10.24,25). Par l'Église locale, nous nous trouvons à la fois en communion avec Dieu et avec d'autres croyants en Jésus. Les deux contextes sont indispensables :

Et que la paix de Christ, à laquelle vous avez été appelés pour former un seul corps, règne dans vos cœurs. Et soyez reconnaissants.

> Que la parole de Christ demeure en vous dans toute sa richesse ;
> instruisez-vous et exhortez-vous les uns les autres en toute sagesse,
> par des psaumes, par des hymnes, par des cantiques spirituels,
> chantant à Dieu dans vos cœurs en vertu de la grâce (Col 3.15,16).

Ces versets offrent une belle image du corps de Christ où chaque croyant aide les autres à se souvenir et à progresser. Plus le message de la grâce s'enracine profondément dans les cœurs, plus on s'encourage mutuellement et plus on devient reconnaissants envers Dieu et utiles à nos frères et sœurs.

En luttant contre une anxiété aggravée par des souffrances passées, les services d'un conseiller sage, compétent et expérimenté au sein du corps de Christ s'avèrent parfois profitables pour recevoir une aide plus poussée. Votre pasteur ou un chrétien fidèle peuvent guider votre choix en ce sens. De plus, une médication adéquate peut aider à soulager certains symptômes physiologiques de l'anxiété selon l'intensité et l'importance des luttes. Si tel est le cas, il ne faut pas en éprouver de honte. Trouvez des professionnels de la santé qui ont à cœur de travailler de concert avec ceux qui vous suivent dans votre Église locale.

La vérité

Vous vous dites peut-être que ce sont de beaux principes, mais qu'ils ne s'appliquent pas à vous, car rien ne vous a jamais soulagé. Votre anxiété vous colle à la peau et vous ne pourrez jamais tourner la page de votre passé. Je vous invite à voir les choses autrement. Bien qu'il soit facile de penser ainsi, la vérité est toute autre. Au début de ce chapitre, j'ai raconté des histoires basées sur des faits vécus par des individus que j'ai rencontrés ou dont j'ai entendu parler. Je terminerai en vous parlant de certains de mes vrais amis.

L'une d'elles a été enlevée par des étrangers qui l'ont amenée en «balade» pendant plusieurs heures. Elle ignorait si elle serait violée ou tuée. Elle souffre encore aujourd'hui d'angoisse et de dépression. Un autre a subi des sévices sexuels à l'adolescence de la part d'un membre de sa famille. Enfin, des chrétiens ont répandu des calomnies au sujet d'une de leur sœur chrétienne. On ne lui a pas laissé l'occasion de se défendre ou de raconter sa version des faits. Ses amis l'ont exclue, elle a beaucoup souffert et a dû mettre un terme à sa carrière.

Qu'ont en commun tous ces amis? D'abord, ils ont encore des luttes. Le souvenir d'abus ou de souffrances passées est encore bien présent. Ensuite, ils ont tous joué un rôle dans la rédaction de ce chapitre. Ils m'ont appris à regarder l'anxiété en face compte tenu des souffrances et des traumatismes passés. Ce chapitre ne présente pas les hypothèses d'une théologie de salon. Il expose simplement des vérités qui ont aidé des gens que je connais et que j'admire. Ces derniers ont refusé d'être définis par leurs traumatismes passés ou d'être dominés par l'anxiété ainsi causée. Ils ont plutôt lutté avec acharnement pour se rappeler qui est Dieu, ce qu'il a fait et ce qu'il fera pour eux. Ils ont également cherché l'aide d'autres chrétiens. Ils désirent marcher fidèlement avec Dieu, en faisant de leur mieux et en comptant sur sa grâce pour les assister chaque jour. Enfin, ils affirment qu'il est possible d'avoir vécu des épreuves douloureuses et de connaître la paix avec Christ.

QUESTIONS DE RÉFLEXION

1. Certains événements clés de votre passé rendent-ils votre lutte contre l'anxiété plus difficile?

2. Savez-vous discerner les «éléments déclencheurs» qui ravivent le souvenir de ces événements passés? Lorsqu'un tel souvenir remonte à la surface, quelles sont vos réactions typiques et de quelle manière influencent-elles vos relations avec les autres et avec Dieu?

3. Quelle partie de ce chapitre a été la plus utile?

4. Relisez les subdivisions de la section «Des souvenirs transformés» et appliquez-les à votre expérience d'anxiété personnelle et unique.

5. Vous serait-il bénéfique de chercher de l'aide auprès d'autres personnes, soit dans la prière ou par des séances de counseling? Quels moyens d'action concrets prendrez-vous en ce sens?

5. L'INQUIÉTUDE ET L'AVENIR

En terminant la lecture du dernier chapitre, vous pensez peut-être : «J'ai compris! Je n'ai plus à porter le poids du passé. Toutefois, pour ma part, ce n'est pas le passé qui m'inquiète, c'est *l'avenir*. Le passé ne me donne pas d'insomnie et ne m'empêche pas de me lever le matin. En revanche, je ne parviens pas à dormir ou à sortir du lit à cause de ce qui arrivera aujourd'hui, cette semaine, la semaine prochaine ou l'an prochain.»

On s'inquiète de l'avenir parce qu'il est incertain. Les phrases conjuguées au conditionnel constituent un terreau fertile pour l'angoisse: *Et si...? Peut-être que...?* La vie est remplie de ces suppositions. Plusieurs d'entre nous émettent des hypothèses à propos de l'avenir, choisissent le pire scénario et s'inquiètent ensuite de ce qui n'est pas encore arrivé. L'incertitude offre un milieu favorable où l'anxiété s'enracine profondément dans notre vie.

Jésus le sait. C'est la raison pour laquelle ses paroles dans Luc 12.4-10 revêtent une telle importance. Elles se situent, en réalité, juste avant les commandements et les encouragements sur l'inquiétude que l'on retrouve dans l'Évangile selon Matthieu et que nous avons examinés aux chapitres 1 et 2. Dans ces versets, Jésus dévoile un véritable sujet d'inquiétude! Une possibilité concernant votre avenir devrait vous troubler et vous faire trembler d'anxiété :

> Je vous dis, à vous qui êtes mes amis : Ne craignez pas ceux qui tuent le corps et qui, après cela, ne peuvent rien faire de plus. Je vous montrerai qui vous devez craindre. Craignez celui qui, après avoir tué, a le pouvoir de jeter dans la géhenne ; oui, je vous le dis, c'est lui que vous devez craindre. Ne vend-on pas cinq passereaux pour deux sous ? Cependant, aucun d'eux n'est oublié devant Dieu. Et même vos cheveux sont tous comptés. Ne craignez donc point : vous valez plus que beaucoup de passereaux.
>
> Je vous le dis, quiconque se déclarera publiquement pour moi, le Fils de l'homme se déclarera aussi pour lui devant les anges de Dieu ; mais celui qui me reniera devant les hommes sera renié devant les anges de Dieu. Et quiconque parlera contre le Fils de l'homme, il lui sera pardonné ; mais à celui qui blasphémera contre le Saint-Esprit, il ne sera point pardonné (Lu 12.4-10).

Un sujet d'inquiétude légitime

Si vous croyez souffrir en raison de difficultés passées, elles ne se comparent en rien au fait d'être possiblement, dans l'avenir, séparé de Dieu pour l'éternité. Jésus affirme que la réalité du jugement et de l'enfer constitue un véritable sujet d'inquiétude. Quant à « craindre » quelque chose ou quelqu'un, il vaut mieux craindre celui qui tient entre ses mains votre destinée éternelle : « Craignez celui qui [...] a le pouvoir de jeter dans la géhenne » (v. 5).

Cet enseignement soulève de nombreuses questions pour plusieurs d'entre nous. L'idée qu'un Dieu d'amour puisse envoyer des individus dans un lieu de tourments infinis est difficile à comprendre. Qu'en est-il de la paix, de l'amour et de la compassion ? À quoi Jésus pensait-il en tenant de tels propos ? La réponse est simple et fondamentale. Jésus enseigne que chaque être humain a une destinée éternelle et passera l'éternité dans l'un ou l'autre de deux lieux. Dans ces versets, il insiste sur ce que les Écritures appellent l'enfer. Ses paroles incitent à la réflexion. Jésus affirme que chaque être humain a une raison légitime d'être profondément inquiet et angoissé. Il dit cela parce qu'il nous aime.

En dépit de la corruption évidente en nous et de la mort présente partout autour de nous, les êtres humains ont tendance à nier leur propre finitude et la réalité de la mort. Ils sont même passés maîtres dans l'art de nier ou d'étouffer le fait qu'ils vivent dans un monde moral créé par un Dieu personnel et parfait, à qui chacun devra rendre compte. Cette vérité est énoncée dans des termes très simples dans les Écritures: «[...] il est réservé aux hommes de mourir une seule fois, après quoi vient le jugement [...]» (Hé 9.27.) Cette manière de penser n'est pas très répandue de nos jours. La plupart des gens comptent échapper au jugement ou ils ont complètement éradiqué cette croyance de leur esprit et la traitent comme la relique dépassée d'une superstition culturelle, fausse et culpabilisante.

Or, l'être le plus aimant qui ait vécu sur la terre, c'est-à-dire Jésus, est aussi celui qui, dans la Bible, parle le plus souvent de l'enfer (voir Lu 13.22-28; Mt 13.47-50; Mt 25.30,46). Je soulignerai simplement un des passages où Jésus aborde sans détour la réalité de l'enfer. Il raconte l'histoire d'un homme riche et d'un homme pauvre nommé Lazare. La vie du riche dans ce monde est facile et agréable et il ne se soucie pas des besoins de Lazare, le mendiant. L'homme riche finit par récolter ce qu'il a semé toute sa vie. À la fin de son existence, il se trouve dans une position misérable d'égocentrisme:

Le pauvre mourut, et il fut porté par les anges dans le sein d'Abraham. Le riche mourut aussi, et il fut enseveli. Dans le séjour des morts, il leva les yeux; et, tandis qu'il était en proie aux tourments, il vit de loin Abraham, et Lazare dans son sein. Il s'écria: Père Abraham, aie pitié de moi, et envoie Lazare, pour qu'il trempe le bout de son doigt dans l'eau et me rafraîchisse la langue; car je souffre cruellement dans cette flamme.

Abraham répondit: Mon enfant, souviens-toi que tu as reçu tes biens pendant ta vie, et que Lazare a eu les maux pendant la sienne; maintenant il est ici consolé, et toi, tu souffres. D'ailleurs, il y a entre nous et vous un grand abîme, afin que ceux qui voudraient passer d'ici vers vous, ou de là vers nous, ne puissent le faire.

Le riche dit: Je te prie donc, père Abraham, d'envoyer Lazare dans la maison de mon père; car j'ai cinq frères. C'est pour qu'il leur atteste ces choses, afin qu'ils ne viennent pas aussi dans ce lieu de tourments.

Abraham répondit: Ils ont Moïse et les prophètes; qu'ils les écoutent.

Et il dit: Non, père Abraham, mais si quelqu'un des morts va vers eux, ils se repentiront.

Et Abraham lui dit: S'ils n'écoutent pas Moïse et les prophètes, ils ne se laisseront pas persuader même si quelqu'un des morts ressuscitait (Lu 16.22-31).

Jésus atteste l'existence réelle d'un lieu au-delà de la mort où l'on est complètement séparé de Dieu: l'enfer, un lieu horrible avec une condition irréversible. Dans un sens littéral, le terme «enfer» désigne une décharge située à l'extérieur de Jérusalem où les cadavres et les ordures brûlaient jour et nuit. En hébreu, ce lieu porte le nom de «géhenne».

Le bien-fondé de l'enfer

Jésus parle de l'enfer sans détour, et cela est salutaire pour nous. Sans l'honnêteté de la Bible, nous pourrions supposer que tout va bien et que nous n'avons pas à nous inquiéter quant à l'éternité. Mais Jésus nous aime trop pour nous laisser dans l'ignorance. Notre délivrance de l'enfer lui importe plus que notre tranquillité d'esprit.

Pour quelle raison Jésus tient-il absolument à enseigner à ce sujet ? D'abord, l'existence de l'enfer nous rappelle que Dieu s'est engagé à régler tous les torts et toutes les injustices commises au cours de l'histoire de l'humanité. Le jour viendra où chacun devra rendre compte à Dieu. Aucune œuvre mauvaise n'échappera à son jugement et ce jugement sera en complète harmonie avec son caractère. Lui qui est amour est également juste, compatissant et parfait.

En outre, la nature même de l'enfer entre en ligne de compte. Avez-vous déjà réfléchi au fait qu'on choisit soi-même l'enfer comme destination ? Ce lieu dépourvu de l'amour de Dieu est réservé à ceux qui choisissent de vivre sans l'amour de Dieu. L'existence de l'enfer révèle, en réalité, la trajectoire finale de la vie d'une personne qui est déterminée à vivre pour elle-même. Dans son livre *La raison est pour Dieu*, Tim Keller écrit ceci :

La Bible utilise souvent l'image d'un feu pour évoquer l'enfer. Le feu désintègre. Nous pouvons voir, même dans cette vie, le genre de désintégration de l'âme que crée l'égocentrisme. Nous savons comment l'égoïsme et le nombrilisme mènent à une intense amertume, une jalousie écœurante, une angoisse paralysante, des pensées paranoïaques ainsi qu'aux dénis et aux distorsions qui les accompagnent. Posez-vous à présent cette question : « Et si, lorsque nous mourons, nous n'étions pas finis, mais au contraire, notre vie se poursuivait spirituellement jusque dans l'éternité?» Dans ce cas, l'enfer est la trajectoire d'une âme qui mène à jamais une vie égocentrique.

Tim Keller poursuit en démontrant que la parabole de l'homme riche et Lazare appuie cette vision de l'enfer:

> Les deux hommes meurent, Lazare va au paradis tandis que l'homme riche va en enfer. De là, il lève les yeux et voit Lazare au ciel, à côté d'Abraham...
>
> Étonnamment, bien que leurs statuts soient à présent inversés, l'homme riche semble ne pas se rendre compte de ce qui s'est passé. Il continue de s'attendre à ce que Lazare le serve et il le traite comme s'il était sous ses ordres[1].

Quel est le but de l'enseignement de Jésus sur l'enfer? Il veut nous donner un sujet légitime d'inquiétude! Le jour viendra où chaque être humain se présentera devant le Dieu de l'univers pour rendre compte de ses actes. L'existence de l'enfer n'est pas une doctrine désuète d'un christianisme ancien et dépassé. L'enfer est une réalité qui devrait nous causer une angoisse profonde et nous garder éveillés la nuit. Notre destinée finale pourrait être l'enfer. Ce ne sera pas forcément le cas, mais la possibilité est réelle.

La bonne nouvelle à propos de l'enfer

L'enseignement de Jésus sur l'enfer contient-il au moins une bonne nouvelle? Bien sûr! Jésus révèle un sujet d'inquiétude réel, mais il donne également le moyen d'en être délivré. Il expose son enseignement sur l'enfer, mais il ajoute du même souffle les

---

1.   Timothy Keller, *La raison est pour Dieu*, Lyon, Éditions Clé, 2010, p.93-94.

préceptes de la bonne nouvelle de la grâce rédemptrice de Dieu. Il ne veut pas que nous finissions comme l'homme riche ! Il rappelle à ses auditeurs que Dieu se soucie d'eux et qu'il aime son peuple bien plus qu'il n'aime les passereaux. Il nous connaît au point de compter le nombre de cheveux sur notre tête ! Il affirme enfin que le pardon des péchés se trouve à notre portée. Voici un verset clé à ce sujet :

> Je vous le dis, quiconque se déclarera publiquement pour moi, le Fils de l'homme se déclarera aussi pour lui devant les anges de Dieu (Lu 12.8).

Comprenons-nous le sens de ces paroles ? Les mêmes anges qui jetteront les méchants en enfer (Mt 13.47-50) accueilleront également dans la présence de Dieu ceux qui auront reconnu que Jésus est le Roi éternel, souverain et sauveur.

Revenons à l'épître aux Hébreux citée brièvement auparavant :

> Et comme il est réservé aux hommes de mourir une seule fois, après quoi vient le jugement, de même Christ, qui s'est offert une seule fois pour porter les péchés de beaucoup d'hommes, apparaîtra sans péché une seconde fois à ceux qui l'attendent pour leur salut (Hé 9.27,28).

En d'autres termes, la venue de Jésus avait pour but de résoudre deux problèmes : l'angoissante réalité du jugement de Dieu sur le péché et la nature horrible de l'enfer. Il explique ce qu'on doit craindre, puis il enlève la nécessité de s'inquiéter. Il est possible d'être délivré de toutes ses inquiétudes concernant la mort et l'enfer.

Un avenir glorieux

À peine commençons-nous à nous réjouir de ce que Jésus libère des angoisses de l'enfer, que nous constatons ceci : cette bonne nouvelle est encore meilleure que nous l'espérions. En effet, les auteurs des Écritures brossent un tableau glorieux de ce qui nous attend au ciel. Jésus n'a pas pour seule mission d'éradiquer l'enfer de notre avenir, mais d'abord d'inscrire le ciel à notre destinée. Voici un passage des Écritures qui en témoigne. Prenez le temps de le lire lentement et d'en savourer les vérités :

> Puis je vis un nouveau ciel et une nouvelle terre ; car le premier ciel et la première terre avaient disparu, et la mer n'était plus. Et je vis descendre du ciel, d'auprès de Dieu, la ville sainte, la nouvelle Jérusalem, préparée comme une épouse qui s'est parée pour son époux. J'entendis du trône une forte voix qui disait : Voici le tabernacle de Dieu avec les hommes ! Il habitera avec eux, et ils seront son peuple, et Dieu lui-même sera avec eux. Il essuiera toute larme de leurs yeux, et la mort ne sera plus ; il n'y aura plus ni deuil, ni cri, ni douleur, car les premières choses ont disparu.

> Et celui qui était assis sur le trône dit : Voici, je fais toutes choses nouvell-es. Et il dit : Écris ; car ces paroles sont certaines et véritables.

> Et il me dit : C'est fait ! Je suis l'alpha et l'oméga, le commencement et la fin. À celui qui a soif, je donnerai de la source de l'eau de la vie, gratuitement. Celui qui vaincra héritera ces choses ; je serai son Dieu, et il sera mon fils (Ap 21.1-7).

Le chrétien sait à quoi ressemblera l'avenir et en particulier *son* avenir. Il chemine dans cette direction parce que Jésus-Christ a accompli dans le passé une œuvre qui lui assure son avenir.

Les tensions du temps futur

Quelle est l'importance de tout cela pour nous qui vivons dans un monde terrifiant où les malheurs se succèdent tandis que le bonheur n'est pas toujours assuré? Prenez un moment pour réfléchir à votre situation actuelle. Avez-vous ressenti un certain sentiment d'angoisse cette semaine? Les symptômes varient selon l'intensité de l'inquiétude et se manifestent de diverses manières, entre autres par la perte d'appétit, l'agitation des pensées, la tristesse, la paranoïa, l'envie de tout abandonner ou de tout régenter. En outre, les inquiétudes sont souvent à l'origine de la dépression.

De quelle manière des pensées tournées vers l'avenir, et en particulier vers le ciel, aident-elles à apaiser les inquiétudes présentes? Qu'enseignent les Écritures concernant la lutte contre ses propres angoisses? Revenons au passage de l'Évangile selon Matthieu dans lequel Jésus relève un des éléments clés de l'inquiétude. Remarquez les expressions en caractères gras:

C'est pourquoi je vous dis: Ne vous inquiétez pas pour votre vie de ce que vous **mangerez**, ni pour votre corps, de quoi vous **serez vêtus**. La vie n'est-elle pas plus que la nourriture, et le corps plus que le vêtement? Regardez les oiseaux du ciel: ils ne sèment ni ne moissonnent, et ils n'amassent rien dans des greniers; et votre Père céleste les nourrit. Ne valez-vous pas beaucoup plus qu'eux? Qui de vous, par ses inquiétudes, peut ajouter une coudée à la durée de sa vie?

Et pourquoi vous inquiéter au sujet du vêtement? Considérez comment croissent les lis des champs: ils ne travaillent ni ne filent; cependant je vous dis que Salomon même, dans toute sa gloire, n'a pas été vêtu comme l'un d'eux. Si Dieu revêt ainsi l'herbe des champs, qui existe aujourd'hui et qui demain sera jetée au four, ne vous vêtira-t-il pas à plus forte raison, gens de peu de foi? Ne vous inquiétez donc point, et ne dites pas: **Que mangerons-nous? Que boirons-nous? De quoi serons-nous vêtus?** Car toutes ces choses, ce sont les païens qui les recherchent. Votre Père céleste sait que vous en avez besoin. Cherchez premièrement le royaume et la justice de Dieu; et toutes ces choses vous seront données par-dessus. **Ne vous inquiétez donc pas du lendemain**; car le lendemain aura soin de lui-même. À chaque jour suffit sa peine (Mt 6.25-34).

Nous nous inquiétons, entre autres, parce que nous ne possédons aucun contrôle sur l'avenir.

On remarque, dans ce passage, que les verbes *manger, boire et se vêtir* sont conjugués au futur. Les inquiétudes varient selon les circonstances de chacun. Elles sont parfois très pratiques et touchent à la survie physique. Cependant, si on se sent relativement certain que ses besoins de base seront comblés, les inquiétudes porteront alors sur d'autres types de besoins. *Les gens m'aimeront-ils? Serai-je à la hauteur? Mon conjoint me sera-t-il fidèle? Nos enfants réussiront-ils leur vie? Aurons-nous suffisamment d'argent à la retraite? Je me demande à quel âge je vais mourir, et de quelle manière.* Soit ces questions reviennent nous hanter tour à tour, soit l'une d'elles nous obsède et ne nous lâche plus.

Souvenons-nous, toutefois, que la Bible est un livre résolument tourné vers l'avenir. Le christianisme entretient une vision linéaire de l'histoire et non une conception circulaire, à l'instar de plusieurs autres visions du monde ou systèmes de croyance. La Bible contient également de nombreuses promesses énoncées à travers l'histoire et qui concernent l'avenir. De la Genèse à l'Apocalypse, la Bible est remplie d'espérance. Une des plus précieuses promesses des Écritures se lit comme suit: «Voici, je fais toutes choses nouvelles» (Ap 21.5). Un jour, Jésus reviendra dans le monde. Son peuple le verra et l'entendra annoncer : J'ai fait *toutes choses nouvelles*. C'est là l'apogée du message chrétien.

Qu'est-ce qui vous inquiète le plus au sujet de l'avenir ? Jésus veut que vous compreniez ceci : le plus grand sujet d'inquiétude n'est pas la maladie, la retraite, l'argent nécessaire pour envoyer les enfants à l'université, une carrière exceptionnelle ou le respect de ses pairs. Ces choses perdent de leur éclat lorsqu'on les évalue à la lumière de sa destinée future, éternelle et finale. Passerez-vous l'éternité en enfer ou au ciel ? Les événements d'une vie ne se comparent aucunement au lieu où nous passerons l'éternité. Jésus veut nous aider à voir clairement et à apprécier le fait qu'en lui, nous n'avons pas à nous inquiéter de la triste et terrible réalité de l'enfer. Au contraire, nous possédons une solide assurance : après la mort physique, nous vivrons le reste de notre vie dans la présence même de Dieu, en compagnie de l'armée céleste et de nos frères et sœurs rachetés en Christ. Dès lors, Paul affirme :

> C'est pourquoi nous ne perdons pas courage. Et même si notre homme extérieur se détruit, notre homme intérieur se renouvelle de jour en jour. Car nos légères afflictions du moment présent produisent pour nous, au-delà de toute mesure, un poids éternel de gloire, parce que nous regardons, non point aux choses visibles, mais à celles qui sont invisibles ; car les choses visibles sont passagères, et les invisibles sont éternelles (2 Co 4.16-18).

On aura beau chercher et chercher encore, aucune philosophie, aucun livre de développement personnel, aucun système religieux ne donne une espérance semblable. L'Évangile chrétien est le seul à offrir cette vision unique de la vie.

Quel sera *votre* avenir ?

Le moment est peut-être venu de se poser certaines questions :

- Ai-je l'assurance que cette description correspond à mon avenir ?
- Ai-je confessé que Jésus est mon Rédempteur et mon Roi ? Lui ai-je demandé de me pardonner mes péchés et mes nombreuses tentatives visant à me sauver moi-même ?
- Ai-je l'assurance que le Saint-Esprit habite en moi et qu'il est ma force ? Me rappelle-t-il qu'il est le gage de ma rédemption complète le jour où Jésus reviendra dans toute sa gloire ?

Si vous avez répondu «non» ou «je ne suis pas certain» à ces questions, je vous recommande de contacter un chrétien en qui vous avez confiance. Demandez-lui de vous aider à comprendre et à accepter qui est Jésus, ainsi que la nature de votre relation future avec lui. C'est une question de vie ou de mort. C'est également le seul moyen de trouver une consolation et un refuge pour la vie ici-bas et les inquiétudes actuelles.

Réfléchissez. S'il n'y a rien d'autre entre la naissance et le tombeau que ce que la vie nous apporte, l'inquiétude est tout à fait justifiée. Si l'éternité existe au-delà de la mort et qu'elle est vécue en enfer, loin de l'amour de Dieu, c'est le seul sujet d'inquiétude qui importe. Heureusement, en plaçant notre confiance en Jésus-Christ, aucune de ces options ne nous est réservée. Nul besoin de s'inquiéter de la première possibilité, car l'éternité triomphe de la vie présente. Quant à la seconde possibilité, le ciel et non l'enfer est notre destinée. Par conséquent, à travers les hauts et les bas de la vie, les tensions et la pression des incertitudes à venir, accrochez-vous à la certitude de votre destinée éternelle. Remerciez votre Père pour ces vérités et ramenez-les fréquemment à votre esprit. Il se peut que vous soyez préoccupé par ce qui arrivera la semaine prochaine, le mois prochain ou l'an prochain, mais ne vous inquiétez pas outre mesure. Fixez vos pensées sur l'éternité et vivez avec cette solide assurance : peu importe ce que la vie vous réserve dans 20 ans ou dans 50 ans, elle vous prépare une gloire éternelle avec Christ dans 200 ans. Imprégnez votre âme de ces vérités et parlez-en à votre Père céleste. Remerciez-le et remettez en perspective les aspects futurs de votre existence qui tendent à vous angoisser.

Vous en avez plein les bras. Vous avez également un Dieu qui voit vos fardeaux et qui sait ce dont vous avez besoin pour continuer à vivre aujourd'hui. Ce n'est pas forcément un gage de facilité, mais l'espérance ne trompe pas. Elle vous permet d'entreprendre une autre journée, car vous connaissez la fin de l'histoire. Que Dieu vous accorde la grâce de saisir ces précieuses vérités. Si vous appartenez à Jésus, l'enfer n'a plus de pouvoir sur vous et un jour, vous le verrez face à face, vous vivrez en sa présence pour toujours.

Comprenez-vous un peu mieux pour quelle raison Jésus ordonne : « Ne vous inquiétez de rien » ? Et comprenez-vous de quelle manière il est possible de lui obéir ?

QUESTIONS DE RÉFLEXION

1. La plupart de nos inquiétudes ont trait à l'avenir. Quelle éventualité inconnue vous cause de l'anxiété ?

2. Avez-vous été étonné du fait que Jésus vous donne une véritable raison de vous inquiéter ? Avez-vous déjà

ressenti de l'angoisse en réfléchissant à ce qui vous arrivera après la mort?

3. De quelle manière la réalité du ciel vous a-t-elle aidé à apaiser votre cœur inquiet?

4. La vérité concernant l'enfer et le ciel pourrait-elle vous aider à mettre en perspective certains sujets de préoccupation précis et à venir?

5. Ce chapitre a-t-il abordé un sujet particulier dont vous aimeriez parler avec Dieu?

6. L'INQUIÉTUDE ET LE PRÉSENT

Le problème des péchés passés est résolu grâce à la mort et à la résurrection de Jésus-Christ. Nul besoin, donc, de s'inquiéter du passé.

La mort et la résurrection de Jésus-Christ nous garantissent une place au ciel avec lui pour l'éternité. Ainsi, nous n'avons pas à nous inquiéter de l'avenir.

Ces vérités devraient faire partie intégrante de notre vie de tous les jours. Et cependant, elles semblent parfois éloignées de la réalité quotidienne. Il est certes utile de connaître la vérité, mais encore faut-il la mettre en pratique. On se demande : « Qu'en est-il d'aujourd'hui ? Qu'en est-il des problèmes d'argent, de santé ou de relations ? »

Alors que vous lisez ce livre, vous découvrez, par exemple, que votre adolescent a choisi de vivre une vie très différente de celle que vous espériez pour lui. Vous apprenez qu'on s'apprête à supprimer votre poste ou encore, que vous êtes licencié. Peut-être qu'un ami proche ou un membre de la famille vous a trahi récemment et vous vous demandez si vous pourrez à nouveau accorder votre confiance à quelqu'un. Enfin, il se peut que vous deviez passer des examens à l'hôpital la semaine prochaine et cette pensée vous obsède sans relâche. Les scénarios possibles sont illimités. Lequel s'applique à vous? La grande question demeure : *comment résoudre ces situations réelles sans être assailli par l'inquiétude*? Elle nous ramène à la question posée au début de ce livre : le commandement de Jésus de ne pas s'inquiéter est-il réaliste ou simplement souhaitable?

Des promesses, toujours des promesses

La plus récente version de l'iPhone est sortie dernièrement. En regardant la présentation vidéo qu'en fait Tim Cook, le directeur général d'Apple, et l'enthousiasme sur les visages des participants, on croirait qu'ils ont trouvé un remède contre le cancer! La publicité promet monts et merveilles, cet appareil changera nos vies. Je n'aurais pas été étonné qu'on fasse un appel à la conversion suivi de baptêmes!

Les gens aiment s'attendre à quelque chose. Ils espèrent voir de grandes choses se produire. Cet état d'esprit soulève les passions et donne la force de continuer. On a besoin d'espoir chaque jour. Dieu nous a conçus de cette manière. Chaque être humain reconnaît, en son for intérieur, qu'il a été créé pour une réalité supérieure à lui-même et à cette vie mortelle (Ec 3.11). On a tous l'impression que la vie ne s'arrête pas à ce que l'on voit. Le dévoilement de l'iPhone tire profit de ce réflexe humain inné qui consiste à désirer une réalité plus grande. C. S. Lewis l'explique ainsi :

> Et si je découvre en moi un désir qu'aucune expérience au monde ne puisse satisfaire, l'explication plausible ne serait-elle pas que je suis fait pour un autre monde[1]?

---

1. C. S. Lewis, *Les fondements du christianisme*, Valence, Éditions Ligue pour la lecture de la Bible, 1979, p. 143.

Les promesses de Dieu éveillent chaque jour notre espérance pour affronter les difficultés du moment. Les objectifs et les projets de Dieu pour nous et pour la journée d'aujourd'hui surpassent tout ce qu'on peut imaginer. C'est tout un défi de se rappeler cette vérité au milieu des activités quotidiennes. On se laisse facilement berner, mais l'antidote consiste à se remémorer les promesses de Dieu :

> Sa divine puissance nous a donné tout ce qui contribue à la vie et à la piété, au moyen de la connaissance de celui qui nous a appelés par sa propre gloire et par sa vertu ; celles-ci nous assurent de sa part les plus grandes et les plus précieuses promesses, afin que par elles vous deveniez participants de la nature divine, en fuyant la corruption qui existe dans le monde par la convoitise (2 Pi 1.3,4).

Pour quelle raison Dieu a-t-il donné ses promesses ? C'est « [...] afin que par elles vous deveniez participants de la nature divine, en fuyant la corruption qui existe dans le monde par la convoitise ». Les promesses de Dieu nous rendent capables d'entretenir une relation avec lui, de jouir de sa présence et d'affronter les problèmes sans céder à la tentation. Lorsque nous prenons conscience de ce que Dieu a promis d'accomplir en nous, pour nous et à travers nous chaque jour, l'anxiété cède peu à peu la place à la paix.

Quelles promesses de Dieu, dès lors, permettent de surmonter les inquiétudes présentes ? Examinons-en quelques-unes parmi les plus précieuses.

Dieu promet d'être à l'œuvre en nous

Considérons d'abord la plus audacieuse des promesses de Dieu à notre égard. Quel avenir Dieu tient-il en réserve pour nous ?

Bien-aimés, nous sommes maintenant enfants de Dieu, et ce que nous serons n'a pas encore été manifesté ; mais nous savons que, lorsqu'il paraîtra, nous serons semblables à lui, parce que nous le verrons tel qu'il est. Quiconque a cette espérance en lui se purifie, comme lui-même est pur (1 Jn 3.2,3).

Tout notre parcours de vie sert ultimement à nous rendre conformes à l'image de Jésus-Christ. Rien n'empêchera cette promesse de s'accomplir. Puisque nous lui appartenons, nous lui ressemblerons un jour. Ainsi, lorsque nous lisons les Évangiles et découvrons l'amour de Jésus-Christ, sa passion, sa douceur, sa sensibilité, sa sagesse, son pardon, son courage et sa force, nous sommes en droit de penser qu'un jour, nous posséderons ces attributs en partage. Quelle espérance !

Mais de quelle manière s'effectuera cette transformation ? Paul l'explique ainsi :

Nous savons, du reste, que toutes choses concourent au bien de ceux qui aiment Dieu, de ceux qui sont appelés selon son dessein. Car ceux qu'il a connus d'avance, il les a aussi prédestinés à être semblables à l'image de son Fils, afin que son Fils soit le premier-né de beaucoup de frères (Ro 8.28,29).

Avez-vous remarqué que Jean et Paul décrivent une même réalité ? Jean affirme qu'un jour, notre caractère sera semblable à celui de Jésus-Christ. Paul ajoute que Dieu travaille à cet objectif ultime dans les moments ordinaires de la vie. Il fait concourir tout ce qui arrive aujourd'hui à notre bien et selon Paul, notre bien consiste à devenir de plus en plus semblables à Jésus. Dieu est à l'œuvre dans les événements heureux et les bénédictions, dans les situations difficiles et les malheurs ; il fait concourir toutes choses au bien de ceux qui l'aiment. Rien ne l'empêchera de parvenir à son but !

Je me souviens de la période d'adolescence de ma fille. Je me demandais comment être un bon père pour elle. Je n'y parvenais pas toujours et dans les moments difficiles, j'avais tendance à m'inquiéter de ce qu'elle deviendrait. Je me posais des questions : *est-ce que j'agis de la bonne manière ? Suis-je trop sévère ? Trop tolérant ?*

Un jour, ma fille n'a pas reçu mes conseils avec le sourire. Elle a alors quitté la pièce avec fracas en marmonnant quelque chose entre ses dents et je doute fort que ses paroles aient été respectueuses. Dans de pareilles circonstances, j'avais l'habitude de m'énerver et de la réprimander sur-le-champ, mais cette tactique donnait rarement de bons résultats. Ce jour-là, cependant, je me suis surpris à mettre en pratique et à appliquer les versets de Romains 8.28,29 à la situation que nous vivions. Au lieu de m'en prendre à ma fille, je me suis tourné vers Dieu et j'ai prié de cette manière : *Père, je sais que tu m'aimes et que tu aimes ma fille. Je sais que tu disposes de toutes choses, les bonnes et les plus difficiles, pour nous changer et nous transformer à l'image de Jésus-Christ. Je sais que tu te sers de ce différend entre ma fille et moi pour me rendre semblable à Jésus. Aide-moi à être conscient de ta présence et de ton œuvre en ce moment. Accorde-moi la grâce d'aimer ma fille, de ne pas m'inquiéter outre mesure ou de ne pas être angoissé à l'idée de ce qu'elle pourrait devenir.*

Ces simples paroles adressées à Dieu m'ont permis de rester calme. Plus tard, ma fille et moi avons eu une conversation enrichissante, admettant qu'il était difficile, autant pour elle que pour moi, de naviguer dans les eaux troubles de l'adolescence. La discussion aurait été très différente si elle avait eu lieu dans le feu de l'action. Voici où je veux en venir. En transformant ma croyance théorique des versets de Romains 8.28,29 en réalité pratique, j'ai vu Dieu à l'œuvre au lieu de m'inquiéter de ce que je ne parvenais pas à agir en bon père. J'ai pris conscience du fait que Dieu a les choses bien en main et je ne ressentais plus le besoin de tout diriger moi-même. Avec le recul, je constate que Dieu s'est servi d'une situation difficile que j'aurais préféré éviter pour me rendre un peu plus patient, un peu plus confiant, un peu plus semblable à Jésus. Dieu promet d'être à l'œuvre en nous aujourd'hui, dans toutes les circonstances de notre vie, pour nous transformer à l'image de Jésus.

Prenez un instant et transformez ces vérités en une prière à votre Père céleste : *Père, mes sujets d'inquiétude sont nombreux, mais je te remercie de ce que tu fais concourir toutes choses à mon bien ; tu me transformes à l'image de Jésus. Seigneur, aie compassion de moi et accorde-moi la grâce de vivre aujourd'hui en m'appuyant sur cette promesse.*

Dieu promet d'être fidèle dans les épreuves

Voici une autre promesse donnée par Dieu pour nous encourager dès maintenant, quelles que soient les difficultés du moment :

> Aucune tentation ne vous est survenue qui n'ait été humaine, et Dieu, qui est fidèle, ne permettra pas que vous soyez tentés au-delà de vos forces ; mais avec la tentation il préparera aussi le moyen d'en sortir, afin que vous puissiez la supporter (1 Co 10.13).

Paul ne garantit pas que Dieu nous épargnera des périodes difficiles. Autrement, il ne terminerait pas sa phrase par « afin que vous puissiez la supporter ». Paul affirme plutôt que la fidélité de Dieu ne manquera jamais pendant l'épreuve. Il accorde suffisamment de grâce à chaque instant pour vivre et supporter le fardeau de l'adversité. Ainsi, nous sommes en mesure de vivre un jour à la fois et d'en porter la peine. John Newton emploie cette image pour décrire la manière dont se manifeste la fidélité de Dieu :

> Je compare les problèmes que nous affrontons au cours d'une année à un immense fagot de bois, beaucoup trop lourd à soulever. Dieu ne nous demande pas de transporter tout le fagot d'un

coup. Dans sa grâce, il défait le fagot et nous donne un bâton à porter aujourd'hui, puis un autre le lendemain et ainsi de suite. Nous pouvons facilement surmonter nos difficultés, si nous ne supportons que celles destinées à la journée d'aujourd'hui. La charge sera cependant trop lourde si nous portons encore le fardeau de la veille et y ajoutons, de surcroît, le poids du lendemain avant le temps fixé. *(Traduction libre.)*

Dieu ne nous demande jamais d'accomplir un geste qu'il sait être au-dessus de nos forces. Il ne nous expose pas à l'inquiétude de sorte qu'il soit impossible d'y résister. Ces affirmations ne sont pas un gage de facilité ou de délivrance de toutes les situations pénibles, mais elles nous assurent de la fidélité de Dieu au milieu des difficultés.

Prenez un instant et transformez ces vérités en une prière à votre Père céleste : *Père, je sais que les sujets d'inquiétude sont nombreux, mais je te remercie de ce que tu m'as promis de ne jamais charger sur mes épaules un fardeau trop lourd pour moi. Je ne m'attends pas à ce que la vie soit toujours facile, mais je sais que tu connais ma nature, mes forces et mes faiblesses, et tu ne me feras pas ployer sous un poids que je ne peux supporter. Seigneur, aie compassion de moi et accorde-moi la grâce de vivre aujourd'hui en m'appuyant sur cette promesse.*

Dieu promet d'être avec nous chaque jour

La veille de sa mort, Jésus explique à ses amis intimes qu'il leur sera enlevé de manière cruelle et brutale, puis il ajoute ces paroles pour le moins étonnantes :

Que votre cœur ne se trouble point [...] Que votre cœur ne se trouble point, et ne s'alarme point (Jn 14.1,27*b*).

Quelles raisons donne-t-il? D'abord, il s'en va afin de leur ouvrir la voie de l'éternité et leur préparer une place. Puis, il ajoute:

> Et moi, je prierai le Père, et il vous donnera un autre consolateur, afin qu'il demeure éternellement avec vous, l'Esprit de vérité, que le monde ne peut recevoir, parce qu'il ne le voit point et ne le connaît point; mais vous, vous le connaissez, car il demeure avec vous, et il sera en vous. Je ne vous laisserai pas orphelins, je viendrai à vous (Jn 14.16-18).

Je crois qu'aucune religion dans le monde ne présente avec autant de hardiesse la présence de la divinité avec le croyant que le fait le christianisme. Au cœur du christianisme se trouve une relation. La foi chrétienne n'est pas fondée sur des exigences éthiques, mais sur une relation avec Dieu. Dieu promet d'être avec nous.

Le cantique bien connu (en anglais) *How Firm a Foundation* (Quel fondement solide) le décrit avec éloquence:

> Je n'abandonnerai jamais, jamais, à ses ennemis
> L'âme qui a trouvé en Jésus son repos.
> Si même les profondeurs de l'enfer cherchaient à l'ébranler,
> Je ne la délaisserai jamais, non jamais je n'abandonnerai
>   cette âme.
> *(Traduction libre.)*

Par conséquent, même si nous nous sentons seuls, nous ne le sommes jamais. Dieu, en Jésus-Christ, est avec nous par l'œuvre continue de son Esprit. Non seulement est-il avec nous et pour nous, mais il est également *en* nous. Le mot *en* revêt une grande importance. Il évoque l'accomplissement de toute la Bible. Au cœur des promesses de l'Ancien Testament se trouve cet engagement: «Je vous prendrai pour mon peuple, je serai votre Dieu

[...] » (Ex 6.7a.) Cette promesse, accomplie en Jésus-Christ, était attendue par les croyants de l'Ancien Testament. Si nous sommes chrétiens, Dieu vit en nous par le Saint-Esprit. Quelle proximité rassurante ! Ainsi, quelles que soient les difficultés présentes, nous ne sommes pas seuls pour y faire face. Le Saint-Esprit nous accompagne.

Prenez un instant et transformez ces vérités en une prière à votre Père céleste : *Père, je sais que les sujets d'inquiétude sont nombreux, mais je te remercie de ce que tu es avec moi. Tu as juré de ne jamais m'abandonner ou me délaisser. Tu as déclaré que les épreuves de ce jour ne se comparent en rien à ton aide quotidienne et à ta présence avec moi. Seigneur, aie compassion de moi et accorde-moi la grâce de vivre aujourd'hui en m'appuyant sur cette promesse.*

Dieu promet de nous aimer comme ses enfants

C'est déjà une grande bénédiction de savoir que Dieu nous pardonne et vit en nous. Ces promesses devraient nous suffire, mais Dieu ne s'arrête pas là. Il promet aussi de nous adopter comme les siens et de nous aimer du même amour paternel qu'il porte à son Fils bien-aimé, Jésus. Lisons la prière que Jésus adresse à son Père et à notre Père, en notre faveur :

> Ce n'est pas pour eux seulement que je prie, mais encore pour ceux qui croiront en moi par leur parole, afin que tous soient un, comme toi, Père, tu es en moi, et comme je suis en toi, afin qu'eux aussi soient un en nous, pour que le monde croie que tu m'as envoyé. Je leur ai donné la gloire que tu m'as donnée, afin qu'ils soient un comme nous sommes un, – moi en eux, et toi en moi, – afin qu'ils soient parfaitement un, et que le monde

connaisse que tu m'as envoyé et que tu les as aimés comme tu m'as aimé (Jn 17.20-23).

Avez-vous bien compris la dernière phrase? Relisez les derniers mots. Jésus affirme que son Père dans le ciel éprouve pour nous le même amour que celui qu'il porte à son Fils bien-aimé. De même, le fait que Dieu nous appelle ses enfants est très étonnant. Cette désignation aurait paru offensante à un Juif du premier siècle, car elle évoque une trop grande intimité pour décrire la relation du croyant avec le Dieu saint et parfait. Pourtant, la métaphore *père-fils* dans le Nouveau Testament constitue l'une des plus connues pour parler de la relation du croyant avec Dieu:

> Voyez quel amour le Père nous a témoigné, pour que nous soyons appelés enfants de Dieu! Et nous le sommes (1 Jn 3.1*a*; voir aussi Jn 1.12,13; Ro 8.15-17; Ga 3.26).

Sommes-nous rongés par l'anxiété? Dieu nous aime en ce moment même de l'amour qu'il porte à son propre Fils. Cette vérité ne produit pas forcément un effet immédiat et elle ne nous change pas de façon soudaine. Toutefois, une vie qui s'appuie et se fonde de plus en plus sur cette réalité prend une tournure très différente de celle qui l'ignore. Les Écritures répètent à maintes reprises la promesse d'acceptation de Dieu à notre égard.

Prenez un instant et transformez ces vérités en une prière à votre Père céleste: *Père, je sais que les sujets d'inquiétude sont nombreux, mais je te remercie de ce que tu m'accueilles comme ton enfant et tu déverses sur moi le même amour que celui que tu portes à Jésus. Tu m'as adopté, je suis ton enfant et Jésus est mon frère. Seigneur, aie compassion de moi et accorde-moi la grâce de vivre aujourd'hui en m'appuyant sur cette promesse.*

Dieu promet de pourvoir à tous nos besoins

Dans le combat contre l'inquiétude, l'une des choses les plus difficiles consiste à croire qu'on aura les ressources essentielles sur une base quotidienne. Si la satisfaction de ses besoins dépend de soi, on s'inquiète à juste titre. D'ailleurs, les inquiétudes augmentent encore lorsqu'on constate qu'il est impossible de pourvoir soi-même à ses propres besoins ou à ceux d'autres personnes, qu'ils soient d'ordre matériel ou émotionnel. Dieu promet pourtant de nous donner le nécessaire, chaque jour, entre maintenant et le moment d'entrer au ciel :

> Lui qui n'a point épargné son propre Fils, mais qui l'a livré pour nous tous, comment ne nous donnera-t-il pas aussi toutes choses avec lui ? (Ro 8.32.)

Ce n'est pas à dire que nous recevons de Dieu tout ce que nous désirons ou ce dont nous croyons avoir besoin. Dieu connaît nos véritables besoins pour vivre aujourd'hui dans la foi en son Fils, tout en cheminant vers notre demeure céleste. Il pourvoit à tous nos besoins ; si quelque chose semble nous manquer, c'est donc que nous n'en avons pas besoin. Il donne le courage, la sagesse, l'amour et la persévérance pour continuer à progresser dans la foi. En considérant la journée ou la semaine devant nous, les sources potentielles d'inquiétude sont multiples, mais nous pouvons affirmer avec confiance : *Dieu, dans sa grâce, pourvoira à tous mes besoins, quels qu'ils soient.*

Une dernière remarque importante : *Dieu, dans sa grâce, pourvoit également aux besoins des autres personnes qui l'aiment.* Il ne compte pas sur nous pour accomplir cette tâche ! Il agit toujours pour le bien de notre famille et de notre Église, et ce, peu importe que nous restions éveillés en raison de nos responsabilités ou que nous nous épuisions à la tâche, cherchant à tout faire nous-mêmes.

Prenez un instant et transformez ces vérités en une prière à votre Père céleste : *Père, je sais que les sujets d'inquiétude sont nombreux, mais je te remercie de ce que tu m'as promis de pourvoir à tous mes besoins. Je suis reconnaissant, car ton aide ne dépend pas de mes aptitudes, mais de ta grâce. Je te remercie par-dessus tout de ce que tu t'es donné toi-même à moi. Seigneur, aie compassion de moi et accorde-moi la grâce de vivre aujourd'hui en m'appuyant sur cette promesse.*

Un élan de courage ?

Toutefois, ces promesses servent-elles uniquement à se donner du courage ? Lorsqu'on se sent seul ou craintif, on fait du bruit pour se rassurer, pour changer l'atmosphère et avoir l'impression de ne pas être totalement abandonné. Les promesses de Dieu sont des vérités merveilleuses à chanter très fort, d'abord à soi-même, puis à Celui qui les a révélées avant tout. Mais sont-elles fiables ?

Voici la vie de foi dans ce qu'elle a de plus beau. Elle n'existe pas simplement dans notre tête, ce n'est pas une forme de pensée positive qu'on développe soi-même ou à l'aide d'un groupe de soutien. Cette vie de foi est une conversation avec le Dieu véritable et personnel, le Rédempteur qui fait des promesses et les garde.

Paul l'affirme avec force dans l'épître aux Romains :

Lui qui n'a point épargné son propre Fils, mais qui l'a livré pour nous tous, comment ne nous donnera-t-il pas aussi toutes choses avec lui ? (Ro 8.32.)

Comment savoir que Dieu pourvoira à tous nos besoins et que nous ne nous appuyons pas simplement sur notre propre courage ? Comment avoir la certitude qu'il tiendra réellement sa promesse d'être toujours avec nous, à l'œuvre en nous, et qu'aucune épreuve ne sera au-delà de nos forces ? Notre certitude vient du fait qu'il nous a déjà donné son don le plus précieux. Il a déjà accompli l'œuvre dont le coût est inestimable. Il nous a déjà donné son Fils.

L'argument de Paul est sans équivoque. Il part du plus grand vers le plus petit. Si Dieu a donné son Fils afin qu'il meure à la croix pour nos péchés, pouvons-nous réellement croire qu'il refusera de nous accorder d'autres bienfaits, essentiels, bien sûr, mais tellement moins précieux que son Fils, pour nous fortifier dans les moments de détresse ?

Les promesses humaines ne sont pas toujours fiables. En dépit du lancement triomphal de l'iPhone d'Apple, le système opérationnel n'a pas tardé à tomber en panne. Il a certes changé la vie de ses usagers : ils ne pouvaient plus faire d'appels sur leur mobile ! À notre époque, les gens manifestent un certain cynisme lorsqu'on leur promet quelque chose qui est trop beau pour être vrai.

Toute promesse humaine n'est pas forcément réaliste. C'est la raison pour laquelle la Bible nous ramène continuellement à la croix et au tombeau vide, car les promesses de Dieu sont fondées sur ces deux réalités. Ces événements passés nous confirment sans l'ombre d'un doute que Dieu tiendra ses promesses aujourd'hui. Paul l'exprime de cette manière :

> Car, pour ce qui concerne toutes les promesses de Dieu, c'est en lui [*Jésus-Christ*] qu'est le oui (2 Co 1.20*a*).

Il est impératif de saisir ces promesses; autrement, notre vie spirituelle sera misérable. J.C.Ryle, un évêque anglais, émet cet avertissement dans son livre *Holiness* (La sainteté):

> Un enfant peut, sans le savoir, être héritier d'une grande fortune depuis sa naissance. Il vit une vie frivole, il meurt candidement et n'a jamais réalisé l'étendue de ses biens. De même, un homme peut être un bébé dans la famille de Dieu. Il pense comme un bébé, parle comme un bébé, et bien qu'il soit sauvé, il n'est jamais animé d'une espérance vivante ou ne connaît pas les véritables privilèges que lui confère son héritage. *(Traduction libre.)*

Si J. C. Ryle a raison, nous devons prendre le temps d'examiner ces promesses importantes et précieuses. Elles évoquent l'héritage, les privilèges et la richesse spirituelle qui nous appartiennent en Jésus-Christ. Ensuite, nous devons nous concentrer sur la croix pour nous rappeler que ces promesses sont non seulement merveilleuses, mais également vraies. Elles nous sont données par le Dieu qui est entièrement digne de confiance. Leur authenticité nous encourage à ne pas nous inquiéter du présent, puisque Dieu est avec nous et combat pour nous.

Le goût de la paix

Enfin, comment mettre ces promesses en pratique dans nos vies chaque jour? Dieu nous exhorte à bannir l'inquiétude de nos vies dès aujourd'hui. Examinons l'enseignement de Paul sur la manière de mettre ces vérités en pratique:

> Réjouissez-vous toujours dans le Seigneur; je le répète, réjouissez-vous. Que votre douceur soit connue de tous les hommes. Le Seigneur est proche. Ne vous inquiétez de rien; mais en toute chose faites connaître vos besoins à Dieu par des prières

et des supplications, avec des actions de grâces. Et la paix de Dieu, qui surpasse toute intelligence, gardera vos cœurs et vos pensées en Jésus-Christ (Ph 4.4-7).

Paul n'écrit pas cette exhortation du haut d'une tour d'ivoire, mais à partir d'une cellule de prison! Il se trouve lui-même dans une situation peu enviable. Il nous exhorte pourtant à nous réjouir, à être reconnaissants, à ne pas nous inquiéter et à prier, et ce faisant, nous connaîtrons la paix. Paul parle ainsi parce qu'il connaît Dieu, qui reste toujours le même. Son encouragement s'appuie sur les promesses authentiques de Dieu qui incitent à une grande reconnaissance et à la prière confiante.

Il n'est pas facile de prier, en particulier lorsque l'anxiété nous étreint, mais Paul ordonne de prier au lieu de s'inquiéter. C'est exactement ce qu'il cherche à mettre en pratique dans sa cellule de prison à Philippes. La prière n'est pas une mince tâche et elle ne vient pas de façon automatique, mais elle s'élève avec plus d'assurance à mesure que le cœur s'appuie sur sa relation avec Dieu et ose démontrer une foi active au milieu des situations de la vie courante. Prenons courage en considérant la vie de Paul et toutes les raisons que nous avons de lutter contre l'angoisse.

Nous vivons alors les vérités exposées par Paul dans ce passage: non seulement éprouvons-nous moins d'inquiétudes, mais la joie et la paix sont au rendez-vous. La Parole de Dieu ne donne jamais au chrétien de commandement à la forme négative sans l'accompagner d'un verbe à la forme positive qui comporte une meilleure espérance. Bien que les circonstances ne changent pas toujours (Paul est demeuré en prison), la perspective, l'attitude du cœur et les émotions se transforment à mesure que l'anxiété cède la place à la célébration de la grâce de Dieu. Dans un certain sens, le but ultime ne consiste pas à s'inquiéter moins, mais à se réjouir davantage. La réalité et l'espérance de la bonté et de la présence de Dieu exercent une puissance suffisante pour dissiper et détruire celle de l'anxiété.

Paul sait que « le Seigneur est proche ». Il laisse cette promesse de Dieu dicter ses émotions au lieu de se laisser dominer par les circonstances. Les promesses de Dieu apportent à nos préoccupations excessives une juste perspective. Elles nous incitent à prier. Et elles nous remplissent d'une paix joyeuse.

Pourquoi s'inquiéter ?

Nous avons tous un passé, nous faisons tous face à l'avenir et nous vivons tous au présent. Chacune de ces dimensions de l'existence comporte des raisons de s'inquiéter, mais l'Évangile les élimine une à une. Notre passé est pardonné et le sera pour toujours. Notre avenir est assuré, pour l'éternité. Le Dieu qui a envoyé son Fils mourir pour nous promet d'être avec nous, de nous transformer, de pourvoir à nos besoins, de nous protéger et d'aimer chacun d'entre nous aujourd'hui, au sein de notre vie quotidienne.

On peut dire, en vérité, qu'il n'y a absolument aucune raison de s'inquiéter !

QUESTIONS DE RÉFLEXION

1. Les trois chapitres précédant celui-ci ont abordé l'inquiétude sous l'angle du passé et de l'avenir dans le but de vous aider dans votre vie présente. Quels sont les deux ou trois points qui vous ont le plus aidé dans ces chapitres ?

2. Ce chapitre se concentre davantage sur les difficultés présentes. Quelles promesses vous ont été les plus utiles pour faire face à vos circonstances actuelles?

3. L'exemple des difficultés entre ma fille et moi se voulait une illustration pratique d'un événement ordinaire de la vie courante. Croyez-vous que Dieu vous invite à établir un lien entre l'une de ses promesses et un aspect de votre vie quotidienne qui vous cause de l'inquiétude?

4. Demandez à plusieurs de vos amis de partager avec vous deux ou trois promesses qui les aident à lutter contre leurs angoisses. Ajoutez-les à votre liste.

5. De quelle manière pourriez-vous encourager quelqu'un de votre entourage qui vit de l'inquiétude, que cette personne en soit consciente ou non?

7. L'AMORCE DU CHANGEMENT

Une gratitude remplie de grâce

La chanson « Grace », écrite par Bono du groupe U2, contient cette phrase : « La grâce transforme la laideur en beauté. » Dans le livre *Bono on Bono: Conversations with Michka Assayas* (Bono par Bono : entretiens avec Michka Assayas), il fait le commentaire suivant : « J'aurais de gros ennuis s'il fallait que le karma [*l'idée que les bonnes intentions et les bonnes œuvres contribuent au bonheur à venir, tandis que les mauvaises augmentent la souffrance*] constitue un jugement définitif. Le karma ne pardonne pas mes fautes. Pour ma part, je m'accroche à la grâce. »

À cause de notre union avec Jésus-Christ par la foi, nous possédons une ferme espérance à venir et nous vivons au présent en remerciant Dieu d'agir en nous, bien que son œuvre ne soit pas toujours évidente. En général, les impuretés résiduelles cachent l'or à nos yeux. Mais la grâce de Dieu, sa bienveillance imméritée, extraordinaire et irrésistible, est à l'œuvre et elle transforme peu à peu notre laideur en beauté.

Puisque vous avez poursuivi votre lecture jusqu'à maintenant, je veux vous parler sur un ton plus personnel. Si vous êtes comme moi, je suis persuadé que le bilan de votre vie vous fournit de nombreuses occasions d'éprouver de la honte. Nous regrettons tous certains aspects de notre conduite. Nous aimerions n'avoir jamais commis certains péchés et luttons chaque jour contre une multitude de tentations. Et bien sûr, nous avons ignoré le commandement de Jésus de ne pas nous inquiéter, aimant trop les choses créées par Dieu et vivant comme si le Dieu qui est amour et maître du monde n'existait pas. Cependant, en tout cela, Dieu est à l'œuvre en nous pour nous transformer. Prenons le temps de le remercier pour sa grâce constante dans nos vies. Cette grâce prend sa source dans le pardon de nos péchés en Jésus et dans la force agissante de son Saint-Esprit en nous. Si vous appartenez à Jésus, vous êtes différent de ce que vous seriez sans lui. Vous devez garder cette vérité à l'esprit, car elle revêt une importance vitale dans la lutte contre les inquiétudes. Paul encourage ainsi ses lecteurs dans l'épître aux Philippiens :

Je rends grâces à mon Dieu de tout le souvenir que je garde de vous, ne cessant, dans toutes mes prières pour vous tous, de manifester ma joie au sujet de la part que vous prenez à l'Évangile, depuis le premier jour jusqu'à maintenant. Je suis persuadé que celui qui a commencé en vous cette bonne œuvre la rendra parfaite pour le jour de Jésus-Christ (Ph 1.3-6).

Dans ce chapitre, je vous invite à prendre le temps de vous examiner vous-même, dans la prière. Cet exercice peut s'avérer difficile, humiliant et même pénible. Ainsi avant de commencer, remerciez Dieu, dans la prière, pour le travail bénéfique qu'il effectue dans votre vie. Il reste, certes, beaucoup de choses à apprendre et de la maturité à acquérir, mais ne laissons pas cette réalité prendre le dessus sur une autre vérité tout aussi importante : dans sa bienveillance, Dieu nous transforme. Il ne nous laissera jamais, il ne nous abandonnera pas en cours de route. Il nous soutient et nous rend aptes à progresser dans la grâce. Puisque Dieu est à l'œuvre, nous n'avons aucune excuse pour refuser de changer. Bien plus, puisque Dieu est à l'œuvre, rien ne peut nous empêcher de changer.

La grâce comme toile de fond de l'examen personnel

Sachant, sans l'ombre d'un doute, que Dieu travaille en nous, procédons à un examen personnel en nous appuyant sur sa grâce. La Bible nous appelle non seulement à considérer nos actions, mais également les motifs derrière nos gestes. En effet, il est possible de faire ce qui est «juste» en cachant des motifs injustes. C'est pourquoi Paul déclare :

> Ne faites rien par esprit de parti ou par vaine gloire, mais que l'humilité vous fasse regarder les autres comme étant au-dessus de vous-mêmes [...] Ayez en vous les sentiments qui étaient en Jésus-Christ (Ph 2.3,5).

De toute évidence, Paul invite chacun de nous à s'examiner avec soin pour s'assurer qu'il vit en tout temps selon la grâce qui lui a été donnée en Jésus-Christ. Chacun doit mettre en œuvre son salut avec crainte et tremblement (Ph 2.12). Le salut est entièrement gratuit, mais il n'est pas bon marché. Jésus a payé de sa vie pour nous sauver. Personne ne doit traiter son salut comme une marchandise au rabais simplement parce qu'il le reçoit gratuitement. Par définition, un chrétien est animé du désir de changer, non seulement ses actions, mais également ses sentiments et sa manière de penser. Il aspire au changement profond de son cœur et de sa raison de vivre.

Les racines et les fruits

Amorçons nos réflexions sur l'examen personnel en examinant ces paroles de Jésus :

> Ce n'est pas un bon arbre qui porte du mauvais fruit, ni un mauvais arbre qui porte du bon fruit. Car chaque arbre se reconnaît à son fruit. On ne cueille pas des figues sur des épines, et l'on ne vendange pas des raisins sur des ronces. L'homme bon tire de bonnes choses du bon trésor de son cœur, et le méchant tire de mauvaises choses de son mauvais trésor ; car c'est de l'abondance du cœur que la bouche parle (Lu 6.43-45).

Que signifient les paroles de Jésus ? Il emploie l'image de l'arbre et des racines qui produisent un certain type de fruit. Il établit ensuite un lien entre les arbres et les individus. Les êtres humains sont animés par les motivations de leur cœur. Ainsi, le cœur s'apparente à la racine d'un arbre. Le système racinaire a une incidence sur la sorte de fruit que l'arbre porte. De la même manière, l'état du cœur d'un individu influence ses réactions aux différentes circonstances de la vie, soit son comportement, ses pensées, ses émotions, ses paroles et son langage corporel.

Il est important de définir ce que la Bible entend par le terme « cœur ». En général, il fait référence à l'essence même d'un individu. Les mots *esprit, volonté, âme* et *force* évoquent la même réalité, soit le principe spirituel d'une personne. L'état du cœur est étroitement lié aux croyances, aux rêveries, à l'engouement ou à la raison de vivre, ce que la Bible appelle « adoration ». L'objet de notre « adoration » a une influence directe sur notre comportement.

Ainsi, pour connaître sa raison de vivre, l'individu doit analyser ses paroles, ses émotions et son comportement pour remonter ensuite jusqu'à sa motivation. Jésus affirme qu'il est possible de discerner la raison de vivre d'une personne, ce qu'elle aime et vénère, en écoutant ce qui sort de sa bouche. Les paroles et les actions expriment l'état de l'âme, de la même manière que les pommes dans un arbre indiquent sans l'ombre d'un doute qu'on est en présence d'un pommier.

Le cœur du problème

Quel lien existe-t-il entre cet enseignement et l'inquiétude ? Un lien important. La Bible affirme qu'une personne sage cherche à comprendre la corrélation entre son comportement et ses croyances ou affections profondes. Nous lisons dans le livre des Proverbes :

> Les desseins dans le cœur de l'homme sont des eaux profondes, mais l'homme intelligent sait y puiser (Pr 20.5).

La mise en pratique de ce verset constitue le début du processus de transformation. Aussi longtemps qu'on ne discerne pas la motivation derrière un comportement, on ne demande pas à Dieu la grâce de remplacer sa raison de vivre et de trouver en Jésus-Christ la force d'amorcer les changements nécessaires.

Ce n'est donc pas par hasard que dans l'Évangile selon Matthieu, Jésus enseigne d'abord concernant les trésors amassés dans le ciel avant d'aborder les inquiétudes (Mt 6.19-24). Pour sa part, Luc insère la parabole de l'homme riche insensé juste avant l'enseignement de Jésus sur l'inquiétude ; cet homme amasse des trésors sur la terre, mais « n'est pas riche pour Dieu » (Lu 12.13-21). Nos sujets d'inquiétude constituent de bons indices pour trouver ce qui a de la valeur à nos yeux. Ils montrent également où nous plaçons notre confiance.

Lorsque l'angoisse nous étreint, quelque chose se produit dans notre cœur. Il se peut que nous n'accordions pas à Jésus-Christ la valeur qu'il mérite et ainsi, la peur de perdre ce qui nous tient à cœur nous remplit d'anxiété. Il est possible également que nous ne placions pas en Jésus toute notre confiance et puisque rien d'autre n'est réellement fiable (soi-même, les autres ou la « chance »), nous éprouvons de l'inquiétude. Lisons le passage de Matthieu 6 et tentons de découvrir de quelle manière l'inquiétude peut révéler notre raison de vivre. Ainsi, nous discernerons mieux les changements à apporter pour gagner en maturité et surmonter nos angoisses avec plus d'humilité, de force et de confiance.

> Ne vous amassez pas des trésors sur la terre, où la teigne et la rouille détruisent, et où les voleurs percent et dérobent ; mais amassez-vous des trésors dans le ciel, où la teigne et la rouille ne détruisent point, et où les voleurs ne percent ni ne dérobent. Car là où est ton trésor, là aussi sera ton cœur.

> L'œil est la lampe du corps. Si ton œil est en bon état, tout ton corps sera éclairé ; mais si ton œil est en mauvais état, tout ton corps sera dans les ténèbres. Si donc la lumière qui est en toi est ténèbres, combien seront grandes ces ténèbres !

> Nul ne peut servir deux maîtres. Car, ou il haïra l'un, et aimera l'autre ; ou il s'attachera à l'un, et méprisera l'autre. Vous ne pouvez servir Dieu et Mammon (Mt 6.19-24).

Que signifient les paroles de Jésus ? Juste avant de parler des inquiétudes, il évoque ce que nous chérissons par-dessus tout. Si notre trésor est instable et précaire, l'inquiétude nous guette inévitablement, car il peut nous être enlevé. Mais si notre trésor est permanent et immuable, nous n'avons pas à nous inquiéter, car personne ne peut nous le prendre. Il ne sera jamais détruit et ne disparaîtra jamais.

Considérons maintenant certaines questions pratiques et personnelles. Qu'est-ce qui vous inquiète ? Avez-vous déjà pris le temps de réfléchir au lien qui existe entre vos inquiétudes et votre raison de vivre ? Si vous ne l'avez jamais fait, sachez que Dieu souhaite que vous établissiez ce lien. Ce faisant, la grâce de Dieu et son immutabilité prennent un tout autre sens lorsque nous sommes tentés de placer notre confiance dans ce qui est précaire. Nous accordons alors plus de valeur à l'amour constant, immuable et inaltérable de Dieu pour nous en Jésus-Christ.

Une simple mise en garde

Avant d'amorcer l'analyse de vos propres angoisses, j'aimerais vous raconter l'histoire d'un ami qui a peur de prendre l'avion. Pendant des années, il a évité de voyager en avion. Quelle est la cause de son anxiété ? À première vue, on peut conclure que, de toute évidence, sa peur de prendre l'avion découle de sa peur de mourir. On l'encourage donc en lui affirmant que la mort n'est pas la fin de tout et qu'en raison de la résurrection de Jésus, il n'a plus à ressentir cette crainte. Or, mon ami trouve ces paroles simplistes, inutiles et irritantes, même si elles sont vraies. À vrai dire, sa peur de l'avion ne provient pas de la peur de mourir. En tant que chrétien, il est convaincu que la mort n'est pas l'ultime réalité. Il ne souhaite pas mourir, mais l'idée de sa mort définitive ne l'angoisse pas outre mesure. Alors, pourquoi éprouve-t-il cette crainte ? Avec le temps, l'aide d'un conseiller compréhensif et un examen personnel, il découvrira la source de son anxiété. Elle ne provient pas de la peur de mourir, mais du fait qu'il se voit déjà réagir comme un insensé pendant que l'avion pique du nez ! Il ne supporte pas l'idée du jugement des autres sur lui et sur sa crise de panique totale durant le plongeon de l'avion jusqu'à son écrasement.

En d'autres termes, son angoisse était causée par la manière dont les gens le percevraient. Il a peu à peu pris conscience que cette attitude se reflétait également dans d'autres aspects de sa vie. Il vivait pour sa réputation et pour l'image que les autres avaient de lui! Il en avait fait son dieu. Il devait donc croire dans son cœur que sa valeur personnelle vient du fait qu'il est enfant de Dieu et qu'en fin de compte, seule l'opinion de Dieu revêt une importance éternelle.

Il n'est pas étonnant que des changements se soient produits après la découverte de la vérité, sa repentance et sa croissance dans la grâce. Aujourd'hui, il prend l'avion. Je mentirais si je disais qu'il n'éprouve plus aucune anxiété, mais elle s'exprime autrement. Il demeure à l'affût de toute trace d'inquiétude en lui et il garde son esprit en prière. Il ne pensait même pas à Dieu auparavant. À présent, il s'efforce de lui remettre ses angoisses.

En examinant votre vie et vos inquiétudes, ne tirez pas de conclusions trop hâtives au sujet de votre raison de vivre. Les exemples qui suivent sont assez sommaires. Résistez à la tentation d'en dresser un bilan superficiel.

Surmonter l'inquiétude

Examinons quelques sujets d'inquiétude courants, tout en gardant à l'esprit l'analyse des chapitres 3 à 6 sur les inquiétudes passées, présentes et à venir. Les causes précises d'anxiété évoquées ci-dessous vous ont peut-être occasionné une certaine part de souffrance (nous aborderons la souffrance dans le prochain chapitre). Sachez que les questions qui sont posées ne visent en aucun cas à minimiser cette souffrance. Elles favorisent plutôt une réflexion dans le but de vous aider à réaliser que la souf-france entraîne des tentations et de l'angoisse.

L'inquiétude et l'argent

Le premier sujet nous concerne tous. Vous inquiétez-vous parfois de votre situation financière ? À quel signe reconnaissez-vous cette angoisse ? L'état de vos revenus et de vos dépenses vous garde-t-il éveillé la nuit ? Vous inquiétez-vous des fac-tures à payer ? Votre quiétude personnelle et vos émotions fluctuent-elles au même rythme que votre compte en banque ou le marché boursier ? Une réponse affirmative à ces questions peut indiquer que vous vivez davantage pour l'argent, la sécurité financière et le statut social que pour le Dieu vivant.

- *Le passé* : Êtes-vous inquiet du fait que votre dernier investissement en capital a été désastreux ou parce que vous avez grandi dans un foyer où l'argent était rare, ou encore la seule véritable marque de réussite et de sécurité ?
- *Le présent* : Êtes-vous inquiet parce que vous venez de recevoir une facture imprévue ?
- *L'avenir* : Êtes-vous inquiet en pensant à l'argent néces-saire pour payer les études des enfants ou pour votre retraite ?

Prenez le temps de réfléchir à vos réactions typiques à l'égard de l'argent. Est-il possible qu'elles révèlent une tendance à vivre pour autre chose que le Dieu vivant ? Comment la réalité des actions passées, présentes et futures de Dieu en votre faveur peut-elle vous aider à surmonter vos inquiétudes ?

L'inquiétude et les relations

Vous inquiétez-vous de savoir si vous serez aimé ou non ? Vous demandez-vous avec angoisse ce qu'on pense de vous ? Critiquez-vous sans arrêt les autres ? Vous vivez peut-être dans la crainte, car vous doutez qu'on puisse vous aimer. Ou encore, vous minez vos relations et rejetez les autres avant de subir vous-même un possible rejet. Avez-vous tendance à être envahissant parce que vous n'êtes jamais rassasié d'approbation ? Nourrissez-vous des attentes irréalistes à l'égard des autres pour ensuite vous retrouver irrité ou seul et sans amis ?

- *Le passé :* Êtes-vous inquiet à cause d'une amitié, une association ou une relation conjugale qui s'est mal terminée dans le passé ? Vous avez peut-être été victime de graves rejets ou d'abus.
- *Le présent :* Êtes-vous inquiet parce que vous doutez de vos capacités à aimer votre conjoint, à résoudre un conflit en cours au travail ou à être un ami à la hauteur des attentes ?
- *L'avenir :* Êtes-vous inquiet en pensant que vous ne vous marierez peut-être jamais ? Craignez-vous qu'une de vos amitiés présentes ne se détériore avec le temps ? Avez-vous peur de perdre une personne qui vous est chère ?

Prenez le temps de réfléchir à vos réactions typiques à l'égard de vos relations. Est-il possible que vos réactions révèlent une tendance à vivre pour autre chose que pour Dieu ?

L'inquiétude et les enfants

Si vous avez des enfants, quel type de parent êtes-vous ? Le comportement de vos enfants vous rend-il surprotecteur et anxieux ?

Cherchez-vous à combler les manques dont vous avez souffert dans votre propre enfance ?

- *Le passé* : Êtes-vous inquiet à l'idée de faire les mêmes erreurs que vos parents ? Craignez-vous d'avoir déjà fait beaucoup trop d'erreurs qui ont blessé vos enfants ?
- *Le présent* : Êtes-vous inquiet à cause d'un problème auquel votre enfant fait face en ce moment ? Remarquez-vous chez votre enfant des comportements qui vous semblent répréhensibles ? Avez-vous de la difficulté à prendre certaines décisions en ce qui le concerne ?
- *L'avenir* : Êtes-vous inquiet de ne pas pouvoir protéger vos enfants des blessures, des souffrances et des échecs inévitables que la vie leur apportera ? Vous demandez-vous avec angoisse s'ils se marieront un jour, et surtout, avec qui ?

Prenez le temps de réfléchir à vos pratiques parentales. Que vous enseignent-elles sur votre raison de vivre ?

L'inquiétude et la vie de couple

Quel type de conjoint êtes-vous ? Exigeant et en manque d'affection ? Vous inquiétez-vous concernant la manière dont votre mari ou votre femme vous traite et réagit ? Placez-vous sur l'autre des fardeaux excessifs qu'il n'est pas censé porter ou des attentes irréalistes qu'elle est incapable de satisfaire ? Avez-vous l'impression d'être assis sur une véritable bombe à retardement lorsque vous considérez votre vie de couple ?

- *Le passé* : Êtes-vous inquiet à cause d'erreurs commises dans des relations passées ou dans votre relation conjugale présente ?

- *Le présent* : Êtes-vous inquiet à cause de conflits actuels dans votre relation qui vous semblent insolubles ou à cause des problèmes de votre conjoint qui vous dépassent complètement?
- *L'avenir* : Êtes-vous inquiet du fait que vous ignorez si votre couple survivra au temps qui passe ou si vous parviendrez à relever les défis auxquels font face les couples âgés?

Prenez le temps de réfléchir à la manière dont vous réagissez aux difficultés dans votre vie de couple, qu'elles soient réelles ou hypothétiques et futures. Que vous enseigne-t-elle concernant votre raison de vivre?

L'inquiétude et le contrôle

À quel moment avez-vous l'impression de perdre la maîtrise d'une situation? Avez-vous alors tendance à vouloir tout «abandonner» ou encore à vouloir tout régenter? De quelle manière ces réactions s'expriment-elles concrètement?

- *Le passé* : Votre inquiétude provient-elle d'une mauvaise expérience passée où les choses ont mal tourné en raison d'un échec cuisant ou d'un abus de confiance?
- *Le présent* : Êtes-vous inquiet parce que vous êtes totalement impuissant à résoudre la situation impossible dans laquelle vous vous trouvez?
- *L'avenir* : Vos inquiétudes sont-elles alimentées par vos sombres prédictions pessimistes concernant l'avenir?

Prenez le temps de réfléchir à votre attitude lorsque vous vous sentez maître de votre vie et des circonstances et lorsque vous perdez ce sentiment. Qu'est-ce que cette attitude vous enseigne concernant votre raison de vivre?

Une fenêtre sur notre âme

Souvenez-vous de l'enseignement de Jésus abordé au chapitre 2, dans la section «Ce monde ou le royaume de Dieu» (une relecture de cette section pourrait s'avérer utile). Jésus affirme qu'on ne peut aimer deux maîtres à la fois. Il nous exhorte à vivre notre vie en fonction de son retour, lui le Roi qui établira son royaume. Son royaume, où l'inquiétude n'a aucune place, diffère radicalement des royaumes de ce monde. Ainsi, il est possible de changer parce que le royaume de Dieu a paru, dans un premier temps, en Jésus. Cependant, il ne sera instauré entièrement qu'à son retour.

De ce fait, nous vivons «entre deux» périodes de temps que les théologiens appellent «déjà et pas encore». Le royaume de Dieu a déjà paru lors de la première venue de Jésus, mais il n'est pas encore établi parfaitement et ne le sera qu'à son retour. Durant cette période «entre les deux», la question à se poser est la suivante : *quel royaume exerce sur moi la plus grande influence, le royaume de Dieu ou le royaume de ce monde?* Jésus enseigne que l'inquiétude constitue un moyen de sonder l'état de notre âme et donne une piste de solution pour répondre adéquatement à cette question. L'analyse des inquiétudes permet de comprendre et d'affronter les problèmes profonds du cœur par la grâce de Jésus-Christ à l'œuvre en nous par son Esprit. L'inquiétude aide à lever le voile sur notre âme et à révéler nos raisons de vivre au quotidien.

Pour conclure, je vous suggère deux moyens d'action concrets. D'abord, priez. Parlez à Dieu ; demandez-lui de se révéler à vous en vous démontrant sa grâce et votre besoin de la recevoir chaque jour, à mesure que vous découvrez des aspects de votre vie qui nécessitent un changement. Ensuite, cherchez une ou deux personnes qui vous aiment et acceptent de vous aider à déceler ce qui accapare votre cœur plus que votre Sauveur. Si vous entreprenez ces deux démarches, l'Esprit de

Dieu s'approchera assurément de vous. Dans sa grâce, il éclairera les profondeurs de votre cœur et vous donnera la force de vous détourner de ce qui vous empêche de dépendre de lui.

QUESTIONS DE RÉFLEXION

1. Le début de ce chapitre vous a-t-il encouragé? Pourquoi? De quelle manière l'Esprit de Dieu est-il à l'œuvre dans votre vie? Si vous ne parvenez pas à répondre à cette question, demandez à un ami digne de confiance de vous aider.

2. Comment avez-vous réagi au défi qui consiste à vous examiner vous-même? A-t-il suscité en vous plus d'angoisse ou un nouvel espoir? Pourquoi?

3. Depuis que vous avez amorcé le travail d'examen personnel, quels thèmes reviennent dans votre vie? Qu'est-ce qui a tendance à se cacher «sous» vos inquiétudes? Dans quelle mesure? Depuis combien de temps le remarquez-vous?

4. Comment le fait de «vivre en fonction du royaume de Dieu» peut-il vous aider à surmonter vos inquiétudes?

5. Écrivez deux choses qui vous inquiètent en général et analysez (ou parlez à un ami chrétien) de quelle manière le fait de trouver la source de ces inquiétudes est d'une part, utile et d'autre part, exigeant et éprouvant.

8. CONTRER L'INQUIÉTUDE PAR LA VÉRITÉ

La vie prend souvent des tournures inattendues. Rien ne laisse présager ce qui arrivera demain. Chose certaine, il est impossible de parvenir chaque fois aux résultats souhaités, pour sa propre vie et celle de ses proches. En outre, on aimerait souvent que les choses se passent autrement et leurs conséquences nous déçoivent. Voilà autant de sujets d'inquiétude.

Puisque la Bible est un livre qui traite de la vraie vie et fait face à la réalité, elle tient compte de ces vérités. Elle n'est pas un conte de fées. Les longs récits des Écritures et la poésie émouvante des prophètes et des Psaumes sont marqués par l'affliction et les deuils douloureux. La Bible est écrite à des individus et pour des individus qui vivent dans une période d'incertitude. Bien qu'elle n'excuse pas l'inquiétude, elle en comprend les raisons. La vie est difficile, quel que soit l'endroit où l'on habite. Un de mes amis, spécialiste de l'Ancien Testament, affirme que plus de la moitié des Psaumes sont des lamentations. Cette simple observation lui fait dire que la vie en général est pénible. Mon ami et les Psaumes ont raison.

Aucun livre sur l'inquiétude n'est digne de ce nom s'il ne prend pas en considération la réalité de la souffrance. Au moins, un livre traite du sujet avec honnêteté : c'est la Bible. J'ai moi-même souffert et j'ai entendu de nombreux récits déchirants de personnes que j'ai conseillées, des récits qui vous arracheraient des larmes. Certains acquièrent de la maturité au milieu de la souffrance, d'autres non. La différence entre les deux réside dans leur façon d'envisager les épreuves et le mal dans le monde et dans leur propre vie.

Voilà le sujet de ce chapitre. Quel verdict le Dieu de la Bible rend-il au sujet de notre condition commune à tous et de quelle manière s'emploie-t-il à la résoudre ? Comment vivre dans le monde actuel sans céder à l'inquiétude ?

Brève et imprévisible

Le fait qu'on ne sache pas tout prouve, sans l'ombre d'un doute, que nous ne sommes pas Dieu. Les êtres humains sont limités, mais les pécheurs que nous sommes aspirent fortement au savoir infini (l'omniscience) et à être comme Dieu. Dans l'épître du Nouveau Testament qui porte son nom, Jacques le pasteur écrit à des individus accablés par une grande souffrance. Du début à la fin, sa lettre se veut un long conseil affectueux. Il explique la manière de vivre au milieu de l'incertitude sans céder aux multiples tentations de pécher. Voici son exhortation :

> À vous maintenant, qui dites : Aujourd'hui ou demain nous irons dans telle ville, nous y passerons une année, nous trafiquerons, et nous gagnerons ! Vous qui ne savez pas ce qui arrivera demain ! car, qu'est-ce que votre vie ? Vous êtes une vapeur qui paraît pour un peu de temps, et qui ensuite disparaît. Vous devriez dire, au contraire : Si Dieu le veut, nous vivrons, et nous ferons ceci

ou cela. Mais maintenant vous vous glorifiez dans vos pensées orgueilleuses. C'est chose mauvaise de se glorifier de la sorte. Celui donc qui sait faire ce qui est bien, et qui ne le fait pas, commet un péché (Ja 4.13-17).

Parmi les premiers lecteurs de Jacques, certains cèdent à la tentation de croire qu'ils seront délivrés de leur crainte de l'inconnu en se vantant fièrement d'être maîtres de l'avenir. Jacques décrit un état d'esprit plutôt qu'une manière de faire des affaires et de l'argent. Dans l'espoir de surmonter son anxiété, on prétend tenir les choses bien en main et on parvient même à s'en convaincre. Le caractère imprévisible de la vie provoque fréquemment ce type de réaction. Vous avez peut-être tenté de combattre l'anxiété en ciblant un aspect de votre univers (même minuscule) que vous avez l'impression de maîtriser parfaitement (cette attitude est souvent la cause des troubles obsessionnels compulsifs).

Comment Jacques s'y prend-il pour corriger cette manière de penser ? Il leur rappelle d'abord le caractère imprévisible de l'existence : « Vous qui ne savez pas ce qui arrivera demain ! » (4.14*a*.) Il évoque ensuite sa brièveté : « Car, qu'est-ce que votre vie ? Vous êtes une vapeur qui paraît pour un peu de temps, et qui ensuite disparaît » (4.14*b*). Impressionnant ! Jacques ne leur cache rien. Son enseignement pastoral est direct ! Non seulement affirme-t-il que nous ne savons pas ce qui arrivera demain, mais nous ignorons même le moment de notre mort. Quelles paroles réconfortantes !

Or, ces paroles encouragent réellement ! En fait, Jacques explique qu'une personne sage est consciente de l'incertitude planant sur sa vie entre aujourd'hui et demain. Qui sait si son cœur n'arrêtera pas de battre dans un instant ! Néanmoins, si cette incertitude produit chez certains une anxiété incontrôlable, Jacques, lui, s'en sert pour aider ses lecteurs à retrouver leur bon sens et leur calme. Si l'anxiété nous ronge, nous comprenons, d'une certaine manière, une vérité importante à propos de la vie dans un monde déchu. Cependant, ce constat utile quant à la brièveté et à l'imprévisibilité de l'existence est devenu une «préoccupation excessive» : voilà le problème. Tout en reconnaissant les limites de nos connaissances ou le peu de maîtrise que nous exerçons sur notre vie, nous oublions Celui qui sait tout et domine sur tout! C'est l'étape suivante dans le raisonnement de Jacques.

L'importance d'un « si »

Jacques évoque ces réalités avec autant d'honnêteté parce que son discours sur la fragilité de la vie ne s'arrête pas là. Il remplace l'attitude arrogante qui ne tient aucun compte de Dieu par une attitude d'humilité où Dieu occupe la place centrale de notre existence: «Si Dieu le veut, nous vivrons, et nous ferons ceci ou cela» (4.15). Soulignons d'emblée que Jacques ne préconise pas l'emploi de formules pieuses au début de nos phrases. Son but est de nous aider à développer une manière de penser centrée sur la foi et sur notre relation avec Dieu, dans nos activités, tout au long de la journée. Il nous encourage à vivre *coram deo* : «devant la face de Dieu».

Soumis à la pression de tout diriger ou pris de panique lorsqu'on perd le contrôle, la tentation est grande de vaquer à ses occupations quotidiennes comme si Dieu n'existait pas vraiment. Cette réalité s'applique aux non-croyants, mais elle fait également partie du quotidien de plusieurs croyants. Nous nous levons le matin, mangeons, travaillons, interagissons avec les autres, adressons et recevons des courriels, envoyons des textos ou prenons du temps à l'écart, sans toutefois entretenir de relation consciente avec Dieu. Nous en tirons un sentiment d'assurance ou d'angoisse, mais quoi qu'il en soit, cette manière de vivre s'avère très arrogante et dangereuse sur le plan spirituel.

Selon Jacques, c'est une façon de se glorifier soi-même, car nous comptons ainsi sur nos propres forces (le résultat est le même, que nous y parvenions ou non). Il ajoute même qu'une telle glorification personnelle est mauvaise.

Jacques nous encourage plutôt à vivre en étant pleinement conscients de la fragilité de la vie en raison du péché et de son impact dévastateur sur le monde. Il nous exhorte en outre à dépendre de Dieu, à lui parler et à reconnaître sa présence et son action chaque instant de notre existence. Voilà une préoccupation sainte qui inspire des décisions sages et des prières confiantes. Vivons notre vie en nous rappelant que nous ne sommes ni omniscients ni omnipotents, mais que nous appartenons à Celui qui possède ces attributs. Il souhaite que ces vérités nous apportent le repos et que nous gardions avec lui un lien étroit en tout temps.

La souffrance est inévitable

L'incertitude ne représente pas le seul sujet d'inquiétude. Le fait que nous pourrions souffrir nous angoisse également. Une fois de plus, la Bible est fort réaliste et encourageante à ce sujet. D'une part, Jacques affirme que *la vie est fragile* et d'autre part, Pierre et Paul confirment que *nous souffrirons*.

Voici ce que Pierre écrit aux chrétiens qui endurent la souffrance et la persécution de la part des autorités politiques romaines :

> Mes bien-aimés, ne trouvez pas étrange d'être dans la fournaise de l'épreuve, comme s'il vous arrivait quelque chose d'extraordinaire (1 Pi 4.12).

Ne pas s'étonner de souffrir? Vous plaisantez! Pierre croit-il réellement que ses paroles aideront ses lecteurs? Tout à fait! Selon Pierre, une préparation sérieuse assure non seulement la survie, mais également la croissance et la persévérance dans le Seigneur. Pierre avait été un disciple plutôt changeant dans le passé. Il avait commis plusieurs faux pas et Jésus l'a souvent repris. Mais en vieillissant, il a acquis de la maturité spirituelle et a appris les leçons de son maître. Jésus rappelle à maintes reprises à ses disciples qu'ils ne sont pas plus grands que leur Seigneur. Puisqu'il a souffert, les disciples doivent s'armer de la même pensée et sachons que nous ne serons pas épargnés non plus (Jn 13.16).

À la lumière de ces vérités, peut-on dire que bon nombre de nos épreuves sont aggravées par nos réactions? Nous trouvons le moyen d'amplifier les problèmes par notre attitude parce que la souffrance nous prend au dépourvu. Pierre nous prépare à la vraie vie. Ne trouvez pas étrange le fait de souffrir! C'est le lot des êtres humains vivant dans un monde déchu, et des chrétiens vivant dans un monde opposé à la royauté de Jésus-Christ.

Le don de la souffrance

Paul pousse cet enseignement encore plus loin dans l'épître aux Philippiens :

> [...] car il vous a été fait la grâce, par rapport à Christ, non seulement de croire en lui, mais encore de souffrir pour lui (Ph 1.29).

Dans l'expression «il vous a été fait la grâce» employée par Paul se trouve un terme de la même famille que *charis* en grec. Ce mot est traduit par «grâce» ou «don» dans la Bible en français. Paul déclare que croire en Jésus et souffrir pour lui correspondent à des dons reçus dans notre union avec lui. Si vous êtes comme moi, le premier don m'enchante, mais je préférerais me passer du second! Le christianisme constitue une foi déconcertante... mais l'est-elle réellement? Réfléchissons à la manière dont les autres philosophies et religions abordent la souffrance. La plupart cherchent à nier son existence ou invitent à l'accepter de manière stoïque. Il n'en est pas ainsi de la foi chrétienne. D'une part, elle reconnaît la nature mauvaise de la souffrance et d'autre part, elle la transforme en bien pour le chrétien affligé. Dieu promet de s'en servir dans notre vie et dans celle d'autres individus. C'est de cette manière que Paul envisage ses propres souffrances et il le communique en ces termes:

> Béni soit Dieu, le Père de notre Seigneur Jésus-Christ, le Père des miséricordes et le Dieu de toute consolation, qui nous console dans toutes nos afflictions, afin que par la consolation dont nous sommes l'objet de la part de Dieu, nous puissions consoler ceux qui se trouvent dans l'affliction! Car, de même que les souffrances de Christ abondent en nous, de même notre consolation abonde par Christ. Si nous sommes affligés, c'est pour votre consolation et pour votre salut; si nous sommes consolés, c'est pour votre consolation, qui se réalise par la patience à supporter les mêmes souffrances que nous endurons. Et notre espérance à votre égard est ferme, parce que nous savons que, si vous avez part aux souffrances, vous avez part aussi à la consolation (2 Co 1.3-7).

Paul affirme que Dieu le console dans ses afflictions. Mais il va plus loin : puisqu'il souffre et est consolé, il est maintenant capable de consoler ceux qui souffrent. Dieu accomplit en Paul la promesse qu'il fait par Paul dans Romains 8.28 : Dieu contribue au bien de Paul, le rendant «en toutes choses» de plus en plus semblable à Jésus-Christ.

Dans son livre *Les fondements du christianisme*, C.S. Lewis décrit avec éloquence un aspect de cette vérité. Dans le but d'aider un jeune chrétien à accepter que la souffrance fasse partie intégrante de la vie chrétienne, il écrit ceci :

C'est pourquoi ne soyons pas surpris si nous avons des difficultés en perspective. Quand un homme se tourne vers le Christ et semble ferme dans la foi (puisque certaines de ses mauvaises habitudes sont maintenant corrigées), il éprouve souvent l'impression qu'il serait normal désormais que tout aille comme sur des roulettes. Si les ennuis surgissent – maladie, pénurie d'argent, nouveaux types de tentation – il est déçu. Ces avatars, pense-t-il, auraient pu être nécessaires pour l'inciter au repentir dans ses jours mauvais d'autrefois, mais pourquoi maintenant ? Parce que Dieu l'oblige à aller de l'avant, à se hisser à un niveau plus élevé. Il le place dans des situations où il devra faire preuve de courage, de patience ou d'amour bien plus qu'il n'avait jamais rêvé d'en manifester. Cela nous paraît tout à fait inutile parce que nous n'avons pas la plus légère notion de l'être formidable qu'il veut faire de nous [...] Imaginez un instant que vous êtes une maison vivante et que Dieu ait l'intention de vous rebâtir. Au début, peut-être comprenez-vous ce qu'il faut faire. Vous savez que les réparations étaient indispensables ; aussi n'êtes-vous pas surpris de le voir remettre les gouttières en état ou colmater les fuites du toit. Mais il en vient bientôt à bouleverser la maison de fond en comble, ce qui vous semble n'avoir plus de sens. «Que fait-il donc ?» vous direz-vous. La réponse est qu'il érige une demeure entièrement différente de celle de vos rêves, ajoutant une aile ici, surélevant un étage là, élevant des tourelles, créant des cours. Vous pensiez qu'il allait vous transformer en un petit pavillon coquet, mais Dieu est en train de faire de vous un palais pour venir l'habiter en personne[1].

---

1. C. S. Lewis, *Les fondements du christianisme*, Valence, Éditions Ligue pour la Lecture de la Bible, 6ᵉ éd., 2006, p. 206-207.

Paul ne balaie pas ses souffrances ou les nôtres du revers de la main et il ne les minimise pas. Mais pensons au nombre d'inquiétudes qui sont causées par des épreuves hypothétiques ou par des souffrances présentes. Maintenant, croyons-nous que ces sentiments seraient différents si nous pouvions affirmer : *je souffrirai, mais la souffrance ne durera pas toujours, car je passerai l'éternité dans la gloire. Dieu fait concourir mes difficultés à mon bien. Par elles, il me transforme à l'image de Jésus et me rend de plus en plus apte à servir et à consoler les gens de mon entourage.* Quelle perspective différente s'offre à nous si, au lieu de nous inquiéter de la souffrance d'un proche, nous décidions de lui manifester un intérêt inspiré de Dieu ? Au lieu de rester éveillé la nuit, rempli d'angoisses, pourquoi ne pas prier avec confiance que Dieu accorde la repentance à cet être cher ou qu'il l'aide à grandir dans la grâce ?

La souffrance sera au rendez-vous un jour ou l'autre. Son but consiste à nous conduire à Dieu et non à l'inquiétude. Confions-lui donc avec assurance le passé, l'avenir et le présent, et servons les autres au milieu même de l'épreuve.

Le meilleur des temps et le pire des temps[2]

La vie est difficile. Personne ne le niera. Les auteurs bibliques nous encouragent à réfléchir à notre vie en y incluant cette vérité, de manière à être prêts à affronter les difficultés sans être pris au dépourvu. Ces mêmes écrivains répètent que Dieu n'est pas un être capricieux qui nous joue des tours ou disparaît tout à coup sans laisser d'adresse. Il dirige de sa main souveraine tous les événements de notre vie et il est déterminé à les faire concourir à notre bien.

2.　N. D. T. : L'auteur fait allusion ici à la première phrase du célèbre roman de Charles Dickens intitulé *Un conte de deux villes* : « C'était le meilleur et le pire de tous les temps, le siècle de la folie et celui de la sagesse... »

Tout cela est-il trop beau pour être vrai? Comment y croire de tout cœur lorsque l'angoisse nous étreint? Dans le doute, considérons la pire tragédie de l'histoire de l'humanité: Dieu avait-il perdu la maîtrise de la situation ou son attachement à notre égard? Contemplons le Fils de Dieu, victime innocente d'un meurtre judiciaire. Ce drame historique est orchestré de telle sorte qu'il nous procure le salut, la guérison et la rédemption finale. Dieu était pour nous et il l'est toujours. Il est avec nous. Il nous aime. Un seul regard vers Jésus, Dieu fait chair, suffit pour nous en convaincre. Alors que Jésus est cloué à la croix, Dieu ne semble plus maître de la situation. On dirait que c'est le pire de tous les temps. Pourtant, Dieu dirige toutes choses et ordonne ces événements terribles pour notre bien. C'était, à vrai dire, le meilleur des temps et le pire des temps.

Jésus, Dieu fait homme, nous enseigne à mettre ces vérités en pratique. La veille de sa mort, une énorme pression l'accable, car il sait quelles souffrances l'attendent. Que fait-il? Il prie et place sa confiance dans les projets souverains de son Père: «Père, si tu voulais éloigner de moi cette coupe! Toutefois, que ma volonté ne se fasse pas, mais la tienne» (Lu 22.42). *Père, je préférerais ne pas vivre ce qui m'attend demain, mais tu l'as décidé ainsi et je te fais confiance.*

Quelques instants avant de mourir, Jésus éprouve des douleurs atroces autant spirituelles que physiques et il sait qu'il rendra bientôt son dernier souffle. Que fait-il? Il prie et il s'abandonne aux bons soins de son Père: «Père, je remets mon esprit entre tes mains» (Lu 23.46). *Père, nul besoin de m'inquiéter même dans la mort, car tu me tiens dans ta main puissante, tu m'aimes et tu es bon.*

Voilà à quoi ressemble la vie d'un enfant de Dieu. Notre responsabilité consiste à l'accepter et à l'intégrer à notre mode de vie chaque jour, du matin jusqu'au soir. Je prie que Dieu nous fortifie et nous encourage dans notre combat contre l'anxiété, l'inquiétude et la crainte.

QUESTIONS DE RÉFLEXION

1. Tout en sachant que la souffrance fait partie de la vie, quelle perspective présentée par la Bible à ce sujet s'avère utile pour vous ?

2. Jacques, un pasteur, écrit à son assemblée qu'il aime. Ces croyants traversent de terribles épreuves. De quelle manière ces informations vous aident-elles à comprendre et à appliquer les vérités de son épître à votre vie au cours de votre lecture ?

3. Quelle a été votre réaction en lisant la citation de C. S. Lewis ?

4. Pensez à une épreuve que vous avez vécue récemment ou que vous vivez en ce moment. De quelle façon pourrait-elle être un « don » ? En l'envisageant de cette manière, vos sentiments concernant cette épreuve pourraient-ils changer ? Comment ?

5. Quel aspect de ce chapitre se démarque le plus pour vous ? Prenez un moment pour en parler à votre Dieu. Demandez-lui de vous aider à lui faire davantage confiance.

9. SE DÉCHARGER SUR LUI DE TOUS SES SOUCIS

On aura beau savoir, comprendre et se rappeler toute l'information contenue dans les chapitres précédents, elle ne sera pas forcément un gage de changement.

Or, ce qui importe, c'est que nous *changions* vraiment.

La transformation dans la vie chrétienne semble souvent hors de portée. Nous savons qu'elle est nécessaire. Nous voulons changer. Nous connaissons même les changements à apporter et le moyen d'y parvenir. Si vous avez persévéré jusqu'ici dans votre lecture, c'est sans doute parce que vous désirez changer, vous inquiéter moins et vous réjouir davantage.

Mais... *comment* ?

Mieux vous serez informé ?

On croit en général qu'un changement s'effectuera si l'on a accès à l'information pertinente. Les messages d'intérêt public à la télévision américaine adoptent cette approche. Le message publicitaire décrit brièvement un problème social (la grossesse chez les adolescentes, l'obésité, les maladies du cœur, etc.) et donne ensuite quelques conseils pratiques pour résoudre le problème. Il se termine toujours ainsi : « Mieux vous serez informé... » En d'autres termes, une pensée juste conduit à un comportement adéquat.

Plusieurs individus qui pourtant se disent croyants abordent la vie chrétienne de cette manière. Quel que soit le problème – l'inquiétude, l'anxiété, la peur, la colère, la dépendance, etc. – il se réglera par la connaissance et l'information. Par conséquent, mieux vous serez informé...

La connaissance est importante. Autrement, à quoi aurait-il servi d'écrire ce livre et de le lire ? Aucun changement ne se produit sans une réflexion juste.

Toutefois, même de bonnes informations ne garantissent pas le changement. Je sais de quelle manière prendre soin de ma femme, mais je n'agis pas toujours selon ces principes. Je connais la limite de vitesse sur l'autoroute, mais cette connaissance seule ne suffit pas à modifier ma façon de conduire.

Dès lors, une autre dynamique doit entrer en ligne de compte et s'ajouter à la pensée rationnelle. Quelle est-elle ? Qu'est-ce qui fait que l'information recueillie servira finalement à amorcer les transformations nécessaires, de sorte que l'anxiété débilitante perde peu à peu son emprise sur nous ?

À défaut de trouver la réponse à cette question, il ne nous reste plus que l'approche cognitivo-comportementale pour tenter de changer, à savoir qu'une réflexion juste produit un comportement adéquat. Cette approche est très populaire autant dans les milieux séculiers que dans les milieux chrétiens. Et même Paul semble être de cet avis !

Ne vous conformez pas au siècle présent, mais soyez transformés par le renouvellement de l'intelligence, afin que vous discerniez quelle est la volonté de Dieu, ce qui est bon, agréable et parfait (Ro 12.2).

On dirait donc que le renouvellement de l'intelligence apporte les transformations souhaitées. Pas tout à fait. Dans la pensée de Paul, l'intelligence n'inclut pas que les capacités intellectuelles d'un individu, mais également son for intérieur. Elle englobe cette partie de l'être qui fait battre le cœur, définit ce que nous sommes et notre raison de vivre. Nous en avons discuté au chapitre précédent. Paul évoque le siège des affections. Il est catégorique : si aucun changement ne se produit dans l'être intérieur, les comportements restent les mêmes. Le véritable changement s'amorce lorsqu'on touche à ce que notre cœur honore, chérit, adore et vénère dans la vie de tous les jours. William Hendricksen, un exégète de la Bible, explique ainsi ce verset :

> Paul ne nous encourage pas à substituer une forme de comportement extérieur à une autre. Ce n'est pas la solution, car le problème de ceux qui se conforment au présent siècle mauvais est profondément ancré en eux. On a besoin d'une «transformation», d'un changement intérieur, du renouvellement de l'intelligence, c'est-à-dire non seulement du siège de la pensée et du raisonnement, mais également des dispositions intérieures. Mieux encore, un changement de cœur, de son for intérieur. *(Traduction libre.)*

Dans son livre *Institution de la religion chrétienne*, Jean Calvin fait le commentaire suivant sur le processus de changement :

> Nous avons donné la première place à la doctrine, en matière de religion, puisqu'elle est au début de notre salut ; mais pour être utile et fructueuse, elle doit être entièrement dans notre cœur et manifester sa puissance dans notre vie pour transformer

notre nature... L'efficacité *[de l'Évangile]* devrait être perçue dans le fond de *[notre]* cœur, y être enracinée cent mille fois plus que les exhortations philosophiques qui, en comparaison, ont bien peu de valeur[1].

En d'autres termes, la transformation doit s'effectuer à un niveau plus profond que celui des raisonnements et des comportements.

Une question de relation

Comment mettre ces principes en pratique? La mise en pratique va bien plus loin que les quatre discours suivants: le discours personnel destiné à se persuader soi-même de changer, le discours de condamnation où l'on s'exhorte à ne pas s'inquiéter parce que c'est mal, le discours des pensées positives (même bibliques) et même, le discours visant à se rappeler son identité en Jésus-Christ! La mise en pratique passe par notre relation avec Jésus-Christ; au lieu de nous parler à nous-mêmes, nous nous adressons à lui au cœur même des angoisses, des inquiétudes et des craintes. Puisque Dieu est un Dieu personnel, les changements qu'il accomplit en nous sont le résultat de nos interactions personnelles avec lui au milieu des difficultés.

L'apôtre Pierre décrit cette vérité dans des termes très simples: « Déchargez-vous sur lui de tous vos soucis, car lui-même prend soin de vous » (1 Pi 5.7). L'exhortation est certes simple, mais profonde. Pierre s'adresse à ceux d'entre nous qui s'inquiètent et vivent une anxiété permanente. Nous examinerons quelques aspects clés de ce passage important dans les pages qui suivent:

---

1. Jean Calvin, *Institution de la religion chrétienne*, Aix-en-Provence/Charols, Kerygma/Excelsis, 2015, p. 621.

Humiliez-vous donc sous la puissante main de Dieu, afin qu'il vous élève au temps convenable ; et déchargez-vous sur lui de tous vos soucis, car lui-même prend soin de vous.

Soyez sobres, veillez. Votre adversaire, le diable, rôde comme un lion rugissant, cherchant qui il dévorera. Résistez-lui avec une foi ferme, sachant que les mêmes souffrances sont imposées à vos frères dans le monde.

Le Dieu de toute grâce, qui vous a appelés en Jésus-Christ à sa gloire éternelle, après que vous aurez souffert un peu de temps, vous perfectionnera lui-même, vous affermira, vous fortifiera, vous rendra inébranlables. À lui soit la puissance aux siècles des siècles ! Amen ! (1 Pi 5.6-11.)

Voici l'idée que Pierre veut communiquer : il nous encourage à vivre en relation étroite avec Dieu au milieu même des angoisses les plus difficiles. On pourrait le paraphraser ainsi : *parlez à Dieu. Confiez-lui vos inquiétudes et vos fardeaux. Soyez pleinement conscients qu'il n'est pas un concept ou une idée, mais une personne. Il prend soin de vous !*

La seule véritable approche menant au changement consiste à entretenir une relation étroite avec Dieu, fondée sur des croyances justes à son sujet ; c'est ainsi que nous vivrons une vie droite à ses yeux. Cette approche n'est ni un gage de facilité dans la lutte contre les angoisses ni une garantie que les changements se produiront de façon rapide et systématique. Ils s'effectuent plutôt avec le temps, lentement, mais sûrement. Dans notre combat contre l'anxiété, nous devons parler à Dieu et vivre en communion avec lui. Aucun changement permanent et durable ne s'opère autrement, car c'est la seule manière de transformer nos cœurs.

Il prend soin de nous

L'anxiété touche plusieurs aspects de la vie, dont le passé, le présent et l'avenir, comme nous l'avons vu. L'inquiétude essaie de nous faire croire que Dieu ne s'intéresse pas à nous ou qu'il ne maîtrise pas la situation. Cette idée est loin d'être inoffensive ; elle s'apparente plutôt à une forme de trahison. Cette affirmation semble-t-elle exagérée ? Réfléchissons alors à ceci : si nous doutons encore de la bonté, de l'amour et de la compassion de Dieu, lui qui n'a pas épargné son propre Fils, mais qui l'a livré pour nous, notre cœur n'est pas droit devant Dieu (Ro 8.32). Si quelqu'un risquait sa vie pour nous sauver de la noyade et que nous lui demandions le lendemain : « Te soucies-tu vraiment de moi ? », il aura raison de se sentir insulté. Dieu a donné son Fils pour nous ; il n'est pas indifférent. Il a porté nos péchés. Ne portera-t-il pas nos inquiétudes et nos fardeaux ? La réponse est évidente. Déchargeons-nous donc sur lui au lieu d'en porter nous-mêmes le poids. Mais comment y parvenir au quotidien ?

1. *Humilions-nous.* Si nous croyons pouvoir diriger notre vie et le monde mieux que Dieu, nous avons un problème d'orgueil ! Humilions-nous en contemplant la nature même de Dieu, en considérant la nature humaine et ses limites, et en confessant ces vérités à Dieu.

2. *Déchargeons-nous sur lui de nos soucis.* Cette expression signifie littéralement « se débarrasser de sa charge une fois pour toutes sur Dieu ». Bien entendu, nos fardeaux ne se dissipent pas en un instant, comme par enchantement. C'est une pratique quotidienne. Arrêtons-nous. Asseyons-nous. Reconnaissons nos sujets d'inquiétude et discutons-en avec Dieu. Déchargeons-nous à ses pieds. Donnons-lui nos fardeaux. Efforçons-nous de les lui laisser. Réfléchissons à sa sagesse, à sa bienveillance

et à son amour pour nous en Jésus-Christ comme autant d'encouragements à tout remettre entre ses mains, car il prend soin de nous.

L'anxiété cache une bataille spirituelle

De la même manière que Dieu est une personne qui doit être reconnue comme telle et adorée, le diable est également une personne, mais à qui on doit résister.

Lorsqu'un aspect de notre vie chrétienne est faible et vulnérable, le diable tente à coup sûr de l'utiliser à son avantage. Si l'anxiété nous ronge, c'est signe qu'on doute de la protection de Dieu et de sa bienveillance à notre égard. Le Malin tire profit de cette vulnérabilité intérieure de manière à ce qu'on se sente seul et abandonné. Il est appelé « l'accusateur de nos frères et sœurs » (Ap 12.10, *Segond 21*). Le terme « accusateur » provient du vocabulaire juridique. Satan intente une poursuite contre nous, alléguant que Dieu ne nous est pas véritablement favorable en raison de notre nature même et de nos actions. Son travail de procureur consiste à produire en nous de la culpabilité.

Le seul moyen de gagner contre un avocat sans scrupules est d'en trouver un meilleur que lui ! Heureusement, en Jésus, nous possédons une telle ressource. Jésus est appelé notre « avocat » (1 Jn 2.1). Il est notre défenseur. Jésus se tient devant notre Père dans le ciel et il plaide en notre faveur. Il déclare victorieusement devant le juge du ciel et de la terre que nous sommes innocents, car il a subi la punition que méritaient nos péchés. Nous ne sommes plus coupables. Si nous nous sentons attaqués par le Malin, s'il affirme que notre vie s'en va à la dérive ou s'il remet en question notre pardon ou l'aide de Dieu, ordonnons-lui de soumettre ce cas à Jésus, notre avocat divin.

Une foi ferme

Puisqu'il est si facile d'oublier la grâce de Dieu, en particulier dans les périodes de grandes inquiétudes, Pierre nous exhorte à demeurer fermes dans notre foi (1 Pi 5.9, *Semeur*). La vie chrétienne est vécue du début à la fin en s'appuyant sur la grâce, la faveur imméritée de Dieu. Il nous la donne, mais nous devons la recevoir chaque jour par la foi. Nous ne devons jamais nous priver de la grâce de Dieu. Nous ne commençons pas la vie chrétienne par la grâce pour la poursuivre ensuite par nos propres forces. Certes, nous déployons tous nos efforts afin de progresser, mais ces efforts mêmes découlent de l'œuvre de la grâce en nous (Ph 2.12,13). J'aime la façon dont Pierre nous exhorte à « demeurer » dans la foi. Pas question de croiser les bras pour dormir. Nous participons activement à notre croissance spirituelle, tout en demeurant fermes dans la foi. Une vie chrétienne active est fondée sur la foi. Notre activité est stimulée par l'œuvre de Dieu en nous, mais elle n'ajoute rien ou n'enlève rien à notre position devant Dieu à cause de notre identité en Jésus-Christ. Nous « demeurons » parce nous plaçons notre confiance dans la grâce de Dieu, reçue gratuitement en Jésus-Christ.

Membres d'une même famille

Dans ce passage, Pierre nous rappelle également que nous ne sommes pas seuls, puisque nous avons des frères dans le monde (1 Pi 5.9). Ainsi, personne ne doit s'imaginer qu'il verra quelque progrès que ce soit s'il se bat tout seul. Bien plus, il est préférable de ne pas s'engager tout seul dans cette lutte. Nos frères et nos sœurs en Jésus-Christ vivent les mêmes difficultés que nous. Gardons un esprit d'ouverture. Prions ensemble les uns pour les autres. Veillons à nous entraider, à nous encourager et à nous consoler mutuellement et, si nécessaire, à nous réprimander.

Nous sommes membres du peuple de Dieu et il nous appelle à changer. Il est impossible de vivre la vie chrétienne et de progresser sans les autres croyants. Leurs encouragements, leur prière, leurs avertissements et leur amour sont essentiels. Nous vivons cette réciprocité en ayant des amis chrétiens qui nous aiment et nous connaissent bien. Si nous recevons de bon gré leur soutien et leur intercession, acceptons également leur réprimande. Demandons-leur de nous aider à ne pas excuser nos inquiétudes. Puisque l'anxiété manifeste un manque de confiance à l'égard de Dieu et de sa bienveillance, elle met en lumière un grave problème qu'on ne peut ignorer ou repousser du revers de la main. En vivant dans la famille de Dieu, nous sommes encouragés et exhortés à devenir de plus en plus semblables à l'image de Jésus, notre frère.

Relier tous les éléments : la méditation

La Bible a pour objectif de nous aider à développer une relation avec Dieu et non simplement à diffuser de l'information. Au début de ma vie chrétienne, on me l'a décrite comme une lettre d'amour pour moi, de la part de Dieu. Et c'est tout à fait juste. La Bible n'est ni une encyclopédie ni un livre d'histoire austère. C'est une lettre écrite par Dieu, pour qu'on apprenne à le connaître, tout comme on apprend à connaître une personne en conversant avec elle.

La *méditation* décrit bien cette réalité de la vie chrétienne. Ce terme prête parfois à confusion à cause de l'emploi qu'on en fait. Dans les religions orientales traditionnelles, on médite en se vidant l'esprit de toute pensée et en répétant un « mantra » dans le but d'entrer en contact avec un être impersonnel. Pour le chrétien, il en va tout autrement. La méditation chrétienne fait intervenir les vérités de la Bible : on en remplit son esprit et elles servent de fondement pour entretenir une conversation avec notre Dieu personnel. La vérité est importante, mais elle ne constitue qu'un moyen pour parvenir à notre objectif, soit de développer une relation avec le Père, le Fils et le Saint-Esprit.

Comment s'exprime, alors, la méditation d'une personne près de céder à l'inquiétude ? Les Psaumes représentent un excellent point de départ, car nous y découvrons un individu qui vit sa relation avec Dieu en méditant. En parcourant les 100 premiers psaumes, j'en ai trouvé au moins 22 qui offrent des vérités propices à la méditation d'une personne en proie à l'inquiétude (11 ; 13 ; 17 ; 18 ; 20 ; 22 ; 23 ; 25 ; 27 ; 31 ; 37 ; 43 ; 46 ; 55 ; 57 ; 64 ; 69 ; 71 ; 77 ; 86 ; 88 ; 91). Plusieurs psaumes dépeignent le lien entre Dieu et un individu tourmenté par l'angoisse. On peut méditer n'importe quelle portion des Écritures, mais jusqu'à la fin de ce chapitre, nous méditerons ensemble le Psaume 27 afin de discerner la manière dont il peut nous aider à nous attacher à Dieu au milieu des inquiétudes.

Première strophe : vivre dans le monde créé par Dieu

> L'Éternel est ma lumière et mon salut : de qui aurais-je crainte ?
> L'Éternel est le soutien de ma vie : de qui aurais-je peur ? (Ps 27.1.)

L'auteur réoriente d'emblée le tir. Il nous rappelle que le monde dans lequel nous vivons appartient à Dieu. Nous ne sommes pas seuls. Non seulement Dieu existe-t-il, mais il nous aime et il nous connaît par notre nom. Prenez un instant pour redire à Dieu, dans vos propres mots, les vérités de ce verset. Allez-y ! Faites-le maintenant ! Il est normal de ressentir un certain malaise. S'adresser à Dieu ne vient pas de façon naturelle pour plusieurs d'entre nous. Demandez à Dieu qu'il vous aide à lui parler ouvertement.

Deuxième strophe : nommer ses sujets d'inquiétude

> Quand des méchants s'avancent contre moi, pour dévorer ma chair, ce sont mes persécuteurs et mes ennemis qui chancellent et tombent. Si une armée se campait contre moi, mon cœur n'aurait aucune crainte ; si une guerre s'élevait contre moi, je serais malgré cela plein de confiance (Ps 27.2,3).

Nommez par leur nom les choses qui vous effraient. Énumérez et décrivez vos sujets d'inquiétude. S'agit-il d'une personne ? D'un groupe de personnes ? Est-ce l'argent ? La santé ? Soyez précis, quelle que soit la situation, et remerciez Dieu du fait qu'en Jésus-Christ, vous êtes en sécurité même si vous devez endurer le mal et la souffrance. Souvenez-vous qu'un chrétien n'est pas forcément exempté des maux et des épreuves, mais Dieu est présent avec lui au milieu même de son angoisse.

Troisième strophe : la grâce rédemptrice de Dieu

> Je demande à l'Éternel une chose, que je désire ardemment : je voudrais habiter toute ma vie dans la maison de l'Éternel pour contempler la magnificence de l'Éternel et pour admirer son temple. Car il me protégera dans son tabernacle au jour du malheur, il me cachera sous l'abri de sa tente ; il m'élèvera sur un rocher (Ps 27.4,5).

Le psalmiste nous a d'abord rappelé que nous vivons dans un monde créé par Dieu. Il nous a ensuite donné l'occasion de nommer nos sujets d'inquiétude et de les décrire. Il nous invite maintenant à fixer notre attention sur la grâce rédemptrice de Dieu, et ce, en dépit des angoisses. Le psalmiste désire contempler la magnificence de l'Éternel. En d'autres mots, il veut demeurer attaché à l'étonnante compassion de Dieu qui l'incite à pardonner et à racheter un peuple faible et indigne. L'auteur se souvient du sacrifice sanglant prescrit par Dieu et répété chaque jour dans le temple. Ce sacrifice laisse entrevoir la grâce salvatrice de Jésus (Hé 9). Arrêtez-vous un instant et incorporez ces paroles à votre conversation avec Dieu. Exprimez-lui votre gratitude pour son amour à votre égard en Jésus-Christ. La vie, la mort et la résurrection de Jésus constituent de précieux rappels de la bienveillance de Dieu, même quand la vie est difficile et que l'anxiété nous ronge.

Quatrième strophe : la protection de Dieu

> Et déjà ma tête s'élève sur mes ennemis qui m'entourent ; j'offrirai des sacrifices dans sa tente, au son de la trompette ; je chanterai, je célébrerai l'Éternel (Ps 27.6).

Certes, nous n'échapperons pas aux épreuves et à la souffrance, mais Dieu promet que nous les surmonterons et rien n'empêche les promesses de Dieu de se réaliser. Même les plus méchants n'obtiendront pas une victoire définitive sur nous, car Dieu a le dernier mot sur notre existence et ce mot est *grâce*. Prenez le temps de remercier Dieu ; rien n'échappe à sa main protectrice sur nos vies. Exprimez à Dieu votre joie en lui parlant de sa protection.

Cinquième strophe : s'approcher de Dieu avec hardiesse

> Éternel ! écoute ma voix, je t'invoque : aie pitié de moi et exauce-moi ! Mon cœur dit de ta part : cherchez ma face ! Je cherche ta face, ô Éternel ! Ne me cache point ta face, ne repousse pas avec colère ton serviteur ! Tu es mon secours, ne me laisse pas, ne m'abandonne pas, Dieu de mon salut ! (Ps 27.7-9.)

Comme on peut le constater, après avoir amorcé sa méditation sur la compassion de Dieu manifestée dans le temple et préfigurant Jésus, le sacrifice ultime, le psalmiste ne parvient plus à se contenir. Ses priorités changent en raison de l'amour éternel de Dieu. La vie dans ce monde est difficile, les sujets d'inquiétude nombreux, et le seul moyen sûr pour nous guider est la présence de Dieu lui-même. Nous le contemplons parce qu'il existe réellement et qu'il s'est fait connaître. Cette exhortation de l'Ancien Testament, *cherchez ma face*, est particulièrement audacieuse quand on pense à tous ceux qui se sont littéralement effondrés devant la face de Dieu. Prenez un moment pour parler à Dieu et le remercier, car vous pouvez vous approcher de lui avec assurance, sans craindre le rejet ou le jugement.

Sixième strophe : un retour confiant à la vie normale

> Car mon père et ma mère m'abandonnent, mais l'Éternel me recueillera. Éternel ! enseigne-moi ta voie, conduis-moi dans le sentier de la droiture, à cause de mes ennemis. Ne me livre pas au bon plaisir de mes adversaires, car il s'élève contre moi de faux témoins et des gens qui ne respirent que la violence (Ps 27.10-12).

Le psalmiste revient maintenant à la vie de tous les jours dans le monde actuel et il énumère d'autres types d'épreuves potentielles pouvant lui causer de l'anxiété. L'auteur envisage même l'idée d'être, un jour, victime d'injustice. Mais sa confiance en l'amour inaltérable de Dieu est gravée dans son esprit, et son cœur en est rempli à un tel point qu'il cite de nouveaux méfaits possibles contre lui avec encore plus d'assurance. Prenez le temps d'imprégner votre cœur de l'amour de Dieu pour vous. Remerciez-le pour son amour. Réfléchissez aux épreuves éventuelles qui pourraient survenir dans votre vie. Nommez-les et affrontez-les avec assurance parce que Jésus-Christ a vaincu le péché, la mort et l'enfer à votre place.

Septième strophe : la victoire finale

Oh ! si je n'étais pas sûr de voir la bonté de l'Éternel sur la terre des vivants !... Espère en l'Éternel ! Fortifie-toi et que ton cœur s'affermisse ! Espère en l'Éternel ! (Ps 27.13,14.)

Le psaume se termine par une assurance renouvelée de la victoire finale de Dieu en dépit de tout ce qui se dresse sur son chemin. Cette victoire est sans équivoque, c'est pourquoi nous pouvons supporter l'adversité sans plainte et sans impatience. Le combat quotidien contre l'anxiété envahissante est possible parce que nous connaissons la fin de l'histoire. Les chapitres 20 et 21 de l'Apocalypse nous apprennent que Dieu amènera toutes choses à leur conclusion de manière à ce que la justice soit rendue et la miséricorde accordée à ceux qui fléchissent le genou devant Jésus, le Roi.

Une transformation réelle, pas une solution rapide

Cet exemple se veut un modèle d'une véritable méditation chrétienne. Il ne sert pas d'exercice intellectuel promettant une solution rapide au problème de l'anxiété. Il offre un point de départ et donne des principes auxquels se conformer toute notre vie, chaque jour. Il dépeint la manière de vivre en relation avec le Père, le Fils et le Saint-Esprit. Il donne un rythme à notre existence chrétienne.

Nous souhaitons voir des résultats instantanés et être délivrés de nos problèmes rapidement, mais Dieu préfère la foi d'un enfant qui dépend de lui et marche avec lui au quotidien. Les transformations dans ma vie et celles que j'ai observées chez les autres s'opèrent en général lentement et sont marquées par des hauts et des bas. Il m'arrive même de douter de ma progression à cause de mes nombreux échecs répétés. Mon expérience ressemble peut-être à la vôtre. Si tel est le cas, persévérez malgré tout. Le sentier qu'empruntent ceux qui appartiennent à Dieu les mène toujours plus haut. Certes, nous ne parviendrons pas au but ultime avant le retour de Jésus-Christ ou notre départ vers lui, mais souvenons-nous qu'il marche avec nous et que la transformation se produit, sans qu'on s'en rende compte. Le changement est possible et il viendra. Il s'effectue pendant que nous marchons main dans la main avec notre Père. Nous connaissons ses promesses, et bien plus, nous y croyons. Nous vivons par elles et nous les chérissons comme un trésor. Si nous calquons notre vie avec Dieu sur ce modèle, nous changerons, avec le temps.

QUESTIONS DE RÉFLEXION

1. Avez-vous déjà réfléchi à la différence entre un changement fondé sur des connaissances pertinentes et un changement fondé sur une relation avec Dieu ?

2. Êtes-vous tenté de chercher à diriger certains aspects de votre vie au lieu de les remettre à Dieu ? Si oui, lesquels ?

3. À quand remonte la dernière fois où vous avez prié contre l'œuvre du Malin dans votre vie et où vous vous êtes appuyé avec plus d'assurance sur Jésus, l'avocat de votre défense ? Serait-il utile de le faire maintenant ?

4. Quelles actions concrètes prendrez-vous pour lutter contre l'inquiétude ? Réunissez quelques amis proches et demandez-leur de prier avec vous et pour vous. Tenez-les au courant de vos progrès et de vos difficultés.

5. Choisissez un des psaumes cités dans ce chapitre et utilisez-le pour approfondir votre relation avec Dieu en vous basant sur le modèle du Psaume 27. Si vous préférez, inspirez-vous de ce psaume et des idées contenues dans ce chapitre.

10. LA RÉPONSE DE JÉSUS

La Bible raconte l'histoire de personnes ordinaires qui ont vraiment existé et que Dieu a touchées dans leur quotidien. Dans ce chapitre, nous examinerons ensemble les conseils du Seigneur à un homme effrayé qui avait, humainement parlant, toutes les raisons d'être angoissé.

Faible, craintif et tremblant

Dans le récit d'Actes 18, le second voyage missionnaire de Paul tire à sa fin. Il entreprendra plus tard un troisième périple. Il quitte donc Athènes, en Grèce, pour se rendre à la ville de Corinthe. Selon les informations qui nous sont rapportées, son séjour à Athènes n'a pas été très fructueux, car rien n'indique qu'il a pu y implanter une Église. Paul décrit ainsi son état d'esprit pendant son voyage en direction de Corinthe :

> Moi-même j'étais auprès de vous dans un état de faiblesse, de crainte, et de grand tremblement (1 Co 2.3).

Corinthe était une ville moderne, une plaque tournante du commerce dans cette région du monde. Elle était également renommée pour son immoralité. Il n'allait pas être facile d'y implanter une Église et Paul ne pouvait s'empêcher de penser aux échecs subis à Athènes. L'angoisse de Paul était intense.

On le comprend si on considère les souffrances qu'il avait endurées jusque-là. Qui n'éprouverait pas d'inquiétude après avoir traversé les épreuves suivantes ?

- Il a été lapidé (Ac 14.19,20) ;
- Il a été battu de verges (Ac 16.22,23) ;
- Il a été jeté en prison (Ac 16.16-40) ;
- Il a été trahi par des amis avec qui il partageait les joies et les difficultés du ministère (Ac 15.36-41) ;
- Il a été harcelé et persécuté par ceux qui le respectaient et l'estimaient auparavant (Ac 18.12,13).

Pour couronner le tout, Paul arrive seul à Corinthe, il manque d'argent et doit travailler de ses mains pendant la semaine (Ac 18.3). Toutes les conditions sont réunies pour faire naître l'angoisse dans son cœur.

Et vous ?

Les épreuves touchent différents aspects de la vie : un manque criant d'argent pour couvrir toutes nos dépenses, un emploi devenu précaire en raison de calomnies répandues sur nous ou une douleur paralysante causée par la perte d'un être cher. Quelles que soient les circonstances, nous comprenons ce que vivait Paul, car d'une certaine manière, nous traversons des situations similaires. Les difficultés varient en intensité, mais elles suscitent tout de même de l'anxiété. Ainsi, Paul n'est pas unique en son genre et nous pouvons nous identifier à lui, car il nous ressemble. D'une part, il a connu des joies profondes et de grandes réussites et d'autre part, il a été faible et a subi des échecs et des revers. Tout comme nous, il éprouvait de terribles angoisses.

Je m'entretenais récemment avec un ami engagé dans un long processus de séparation et de divorce. Le comportement de sa femme est devenu incohérent et elle porte contre lui diverses accusations aberrantes. Les enfants souffrent également des conséquences de cette expérience traumatisante. Il ne sait plus quoi faire. Malheureusement, il se sent de plus en plus seul, car personne ne veut s'associer à lui et à sa situation. Le divorce est maintenant réglé, mais la saga est loin d'être terminée. Il doit encore trouver le meilleur moyen de prendre soin de ses enfants. Certaines obligations financières se sont ajoutées et les emplois sont rares dans son domaine. Comment aller de l'avant en dépit de toutes les difficultés passées et de celles qui ne manqueront pas de survenir dans l'avenir? Où trouver la force et le courage de continuer et de surmonter ses craintes?

Mon ami a besoin de l'aide dont Paul a bénéficié. C'est ce qui nous encouragera également. De quelle manière le Seigneur a-t-il aidé Paul?

Ne crains point

Voici ce que Jésus a dit à Paul dans une vision:

> Ne crains point; mais parle, et ne te tais point, car je suis avec toi, et personne ne mettra la main sur toi pour te faire du mal; parle, car j'ai un peuple nombreux dans cette ville. Il y demeura un an et six mois, enseignant parmi les Corinthiens la parole de Dieu (Ac 18.9-11).

Ne crains point. Cet appel est répété à maintes reprises dans les pages de la Bible. Qui sait? Paul a peut-être parlé face à face avec Jésus ressuscité cette nuit-là, une joie que nous n'aurons probablement pas avant d'entrer au ciel, mais quoi qu'il en soit, le commandement et le réconfort de ces paroles ne changent pas. Jésus redit simplement à Paul le même message qu'il a répété à son peuple à travers l'histoire. Ses paroles sont simples, mais d'une grande profondeur : *ne vous inquiétez pas*.

Le commandement de Jésus encourage Paul à persévérer dans sa tâche : *n'hésite pas un instant, n'aie pas peur, parle, ne garde pas le silence*. L'angoisse conduit souvent à la désobéissance, car elle sème le doute concernant la bienveillance de Dieu ou sa puissance souveraine, de sorte qu'on perd confiance en lui pour l'avenir. On choisit alors de se battre ou de fuir. Dans le cas de Paul, la tentation est forte de tout arrêter et d'abandonner. À cause de ses échecs, il souhaite peut-être jeter l'éponge et prendre des vacances. Cependant, Jésus s'adresse à Paul en ces termes : *continue à prêcher l'Évangile. Passe par-dessus tes craintes et va de l'avant.* On dirait que Jésus demande à Paul de prendre son mal en patience, de ne pas s'énerver, de garder son calme et de poursuivre ses activités comme si de rien n'était. Pourtant, le commandement est beaucoup plus profond qu'il n'y paraît. Jésus appelle Paul à vivre par la foi. Que signifie vivre par la foi ? La foi se caractérise par des réactions contraires à celles que l'on aurait de façon naturelle. On a parfois l'impression qu'une attitude de foi est artificielle et hypocrite, mais il n'en est rien. Ne nous laissons pas berner par de simples émotions. Il est certes souhaitable que les émotions et les actions s'accordent, mais ce n'est pas toujours le cas.

On devient plus sensible à l'exhortation de Jésus si l'on considère qui parle et sur quel ton il s'adresse à Paul. Cette compréhension change tout. Lorsque Dieu donne un ordre à un croyant, le cadre de l'entretien s'apparente à celui d'un parent avec son enfant. Je vous donne un exemple. Mes jeunes enfants faisaient parfois des cauchemars la nuit et ils couraient se réfugier dans notre chambre à coucher. À notre réveil, Barbara et moi étions face à un enfant effrayé que nous nous empressions de rassurer par ces paroles : « N'aie pas peur. » Dans une telle situation, tous les parents veulent communiquer un message précis par le ton de leur voix. Les mots sont doux et rassurants, non pas durs et humiliants. Si nous sommes les enfants du Père, ses tendres commandements sont pour nous des paroles d'encouragement et de grâce, sans aucune trace d'humiliation. Il nous aime et il a à cœur notre bien-être. Il affirme en réalité : *mon enfant bien-aimé, je sais que tu as peur. J'entends tes cris et je ressens combien tu es effrayé, mais ne crains point, mon enfant. Tu m'appartiens, je suis toujours avec toi et je prends soin de toi.* Ces commandements ne sont pas transmis par un dictateur, mais par un Père rempli d'amour.

Poursuivons notre étude de l'exhortation de Jésus. Il donne à Paul une directive, puis il invoque trois raisons qui permettront à l'apôtre d'obéir avec joie. Paul a toutes les raisons de s'inquiéter, mais trois arguments supérieurs lui sont donnés pour bannir son inquiétude. Voici de quelle manière la Bible fonctionne : un commandement a toujours pour fondement des raisons convaincantes d'obéir.

Première raison : « je suis avec toi »

Si nous sommes chrétiens, notre relation avec le Dieu vivant se fonde uniquement sur l'œuvre accomplie par Jésus pour nous, sa vie, sa mort et sa résurrection. Nos péchés sont pardonnés. Nous avons reçu la justice parfaite de Jésus. Celui qui avait toutes les raisons de nous rejeter nous accueille maintenant en Jésus. Il est notre Père, nous sommes ses enfants. Le message qu'il nous adresse à travers la Bible est un message d'espérance, d'encouragement et de grâce. Lisez le passage suivant et remarquez le lien entre notre relation avec Jésus et l'obéissance à ses commandements :

> Comme le Père m'a aimé, je vous ai aussi aimés. Demeurez dans mon amour. Si vous gardez mes commandements, vous demeurerez dans mon amour, de même que j'ai gardé les commandements de mon Père, et que je demeure dans son amour. Je vous ai dit ces choses, afin que ma joie soit en vous, et que votre joie soit parfaite (Jn 15.9-11).

Il est important de ne pas intervertir l'ordre des choses. L'obéissance au Père prend sa source dans notre relation avec lui, et non le contraire. Nous n'obéissons pas dans le but de gagner sa faveur, mais plus nous obéissons, plus son amour devient réel et profond.

Deuxième raison : « personne ne mettra la main sur toi pour te faire du mal »

Réfléchissons à ces mots d'encouragement. Personne n'a la certitude, bien entendu, qu'il pourra toujours échapper au mal évoqué dans ce verset, mais nous savons que les paroles suivantes de Jésus restent vraies :

> Ne craignez pas ceux qui tuent le corps et qui ne peuvent tuer l'âme ; craignez plutôt celui qui peut faire périr l'âme et le corps dans la géhenne (Mt 10.28).

Nous ne sommes jamais complètement à l'abri des attaques et du mal dans ce monde, mais ceux qui meurent en Christ appartiennent à Celui qui a le pouvoir de ressusciter notre corps et notre âme à une vie nouvelle.

Troisième raison : «j'ai un peuple nombreux dans cette ville»

La troisième raison est en réalité un appel à chercher premiè-rement le royaume de Dieu (Mt 6.33). Jésus encourage Paul à répandre la bonne nouvelle du royaume de Dieu sans relâche. Il lui dit en d'autres termes : *fais de ce travail ta grande passion. Que rien ne te détourne de cet objectif ultime. Prends à cœur l'œuvre que j'accomplis et je prendrai soin de toi.* Jésus invite Paul à voir la ville de Corinthe autrement. Il l'appelle à porter un regard différent sur sa situation et les événements, et il nous lance le même défi. On peut paraphraser ainsi ses paroles : *Paul, ne considère pas Corinthe comme une ville remplie d'ennemis. Pense plutôt à tous les amis, les frères et les sœurs en Christ que tu y trouveras bientôt ! Regarde Corinthe avec mes yeux, Paul.*

Quelle situation vous semble insurmontable en ce moment ? Avez-vous le cœur rempli de crainte à l'idée d'obéir à ce que Dieu vous demande ? Êtes-vous censé faire les premiers pas pour régler une relation tendue, mais vous manquez de courage et craignez un dénouement négatif ? Nous ratons souvent de belles occasions à cause de la peur. Notre grille d'analyse de la situation est faussée. Tout comme Paul, nous avons besoin des conseils de Jésus.

La spirale de l'inquiétude et son antidote

Il nous arrive d'être pris dans la spirale de l'angoisse et seul Jésus peut nous en délivrer. C'est exactement ce qu'il fait pour Paul :

- *Première phase :* L'inquiétude et la crainte – On perd de vue la grandeur de Dieu tandis que les gens et les événe-ments semblent de plus en plus accablants. *Ne crains point !*

- *Deuxième phase :* La paralysie – on cesse peu à peu ses activités et on s'enferme dans le silence. On se sent impuissant et on a l'impression de perdre la maîtrise de sa vie. *Parle, et ne te tais point!*
- *Troisième phase :* L'isolement – on se sent de plus en plus seul et abandonné. Dieu est distant et les gens s'éloignent. *Je suis avec toi!*
- *Quatrième phase :* La paranoïa – on a peur des gens, on s'en méfie, ils sont dangereux. *Personne ne mettra la main sur toi pour te faire du mal!*
- *Cinquième phase :* Le désespoir – plus rien n'a d'importance. Pourquoi se donner tant de mal? Pourquoi ne pas tout abandonner? *J'ai un peuple nombreux dans cette ville!*

Les paroles que Jésus adresse à Paul visent à le sortir de cette spirale. Et elles atteignent leur but. Que fait Paul? Il reste à Corinthe, y prêche et enseigne la Parole de Dieu pendant un an et demi. L'Évangile se répand. Les nouveaux croyants adoptent un mode de vie complètement différent. Leur manière de vivre les distingue et impressionne les étrangers. Imaginez ce qui serait arrivé si Paul avait laissé ses inquiétudes prendre le dessus!

Écoutons les conseils de Jésus

N'oublions pas que l'apôtre Paul était en tout point semblable à nous. Il ne possédait aucun pouvoir surhumain. Il vivait dans une partie du monde très dangereuse, à une époque où les mesures de sécurité étaient beaucoup moins importantes que celles déployées à certains endroits aujourd'hui. Dans toute l'incertitude entourant son avenir, il savait une chose : il allait souffrir. Il était faible, pécheur et limité. Or, Jésus s'est adressé à lui au milieu de ses angoisses et lui a prodigué des paroles d'encouragement simples, mais profondes. Jésus nous parle de la même manière dans ce passage. Ses promesses aussi nous parlent, lui qui a supporté les souffrances de la croix pour nous et qui règne dans le ciel pour nous. Son commandement est empreint de douceur, de tendresse, mais également de fermeté :

« Ne vous inquiétez pas. »

QUESTIONS DE RÉFLEXION

1. Le fait de nous rappeler que l'apôtre Paul était un homme ordinaire, semblable à nous, est à la fois encourageant et contraignant. Commentez cette affirmation.

2. Quelle réaction suscitent en vous les épreuves difficiles vécues par Paul ? Êtes-vous enclin à éprouver davantage de compassion lorsque vous voyez Paul en proie à de grandes craintes ? De quelle manière cette réalité devrait-elle influencer votre façon de traiter les autres ou de vous percevoir lors d'une période d'angoisse extrême ?

3. Avez-vous été étonné par certaines paroles que Jésus a adressées à Paul lorsque ce dernier traversait une période d'anxiété ?

4. Pensez à un sujet d'inquiétude actuel ou potentiel dans votre vie. De quelle manière l'exhortation et la promesse de Jésus pourraient-elles vous apporter la paix à ce sujet ?

5. Vos inquiétudes ou vos craintes mettent-elles en péril votre service envers les autres ? Que ferez-vous pour y remédier ?

11. CONCLUSION

J'espère que ce livre vous a permis de mieux comprendre la nature de l'inquiétude et la manière de progresser dans la grâce, un pas à la fois, afin de remplacer l'anxiété par la paix. J'espère que vous avez constaté à quel point la Bible comprend le phénomène de l'inquiétude et le décrit avec une grande acuité. On ne trouve pas les termes «inquiétude» ou «anxiété» à chaque page des Écritures, mais la réalité de ce malaise y est évidente du début à la fin. J'espère, enfin, que vous saisissez pleinement l'importance d'entretenir une relation vivante avec Jésus-Christ pour obtenir des changements véritables et durables.

Nous avons examiné à plusieurs reprises les paroles de Jésus dans Matthieu 6, mais Luc offre aussi un exposé de cet enseignement. Cependant, il est le seul à ajouter cette phrase que je vous laisse en guise de conclusion:

Ne crains point, petit troupeau; car votre Père a trouvé bon de vous donner le royaume (Lu 12.32).

Je vous invite à la lire une seconde fois:

Ne crains point, petit troupeau; car votre Père a trouvé bon de vous donner le royaume.

Que signifient ces paroles de Jésus? Je soulignerai trois vérités tirées de ce verset et qui s'adressent personnellement à chacun d'entre nous: son commandement, l'assurance de son attachement et sa promesse.

Ne craignons pas

Tout comme Jésus s'est adressé à Paul à Corinthe en particulier, il ordonne à ses disciples en général, à tous ses disciples, de ne pas s'inquiéter. L'inquiétude démontre que l'on ne croit pas en la bonté ou en la puissance de Dieu et que, par conséquent, on ne peut pas se fier à son aide.

Nous devons donc prendre l'inquiétude très au sérieux, car cet état de l'âme et de l'esprit s'oppose à la nature même du vrai Dieu. Personne ne doit minimiser ou excuser l'anxiété en la qualifiant d'acceptable ou d'inévitable. Selon Jésus, l'inquiétude est un péché et nous devons la bannir. Il s'exprime sans détour. Celui qui s'inquiète cherche à vivre dans deux royaumes et à servir deux maîtres en même temps. C'est chose impossible. On ne peut faire preuve de loyauté qu'envers un seul royaume à la fois. Jésus nous aime, ses propos sont clairs et il n'accepte aucun compromis: l'inquiétude est mauvaise et dangereuse.

Petit troupeau

Les paroles de Jésus sont difficiles à entendre et elles nous remettent en question, mais derrière l'intransigeance et la franchise se cachent la douceur et la compassion. Ne passons pas trop rapidement sur l'expression employée par Jésus, car elle est puissante: «petit troupeau». Tout en nous exhortant à bannir la crainte ou l'inquiétude, Jésus n'oublie pas que nous lui appartenons. Il a donné sa vie pour nous et il est notre guide.

Nous sommes ses brebis, ses bien-aimés, incroyablement chers à son cœur. Soyons rassurés : il veille sur nous et il nous aime même lorsque nous cédons à l'angoisse et à l'inquiétude ou que nous oublions sa douce présence et ses soins attentionnés. Nous sommes peut-être enclins à nous éloigner, mais nous lui appartenons pour toujours.

Notre Père a trouvé bon de nous donner le royaume

Quelle serait notre réaction en apprenant qu'un jour dans notre vie nous allions hériter d'une fortune colossale ? En quoi cette information influencerait-elle notre manière de vivre et de gérer notre argent ? Cette donnée changerait tout ! Non seulement les comptes à payer ne nous inquiéteraient plus, mais nous serions probablement beaucoup plus enclins à être généreux.

C'est le principe que Jésus veut souligner dans ce verset. Il fait suivre son commandement et ses paroles rassurantes par une promesse à ses auditeurs. Jésus affirme que notre « compte bancaire » éternel est sécurisé. Nous avons tout ce dont nous avons besoin, et plus encore. Nul besoin de nous inquiéter pour notre vie dans ce monde ou dans le monde à venir. Il veille sur nous en ce moment et pour l'éternité. Le royaume nous appartient. Nous serons comblés des riches bienfaits de la vie dans la présence de Dieu. Personne ne peut décrire la vie à venir, car elle est indescriptible.

Dans le dernier tome de sa série *Les Chroniques de Narnia*, intitulé *La dernière bataille*, C. S. Lewis l'exprime ainsi, pendant que les principaux personnages se retrouvent, au-delà de leur propre mort, réunis autour d'Aslan, le lion qui personnifie Jésus-Christ :

Et tandis qu'il [*Aslan*] parlait, il ne leur apparut plus comme un lion. Mais les choses qui commencèrent à arriver ensuite furent si grandes et si belles que je suis incapable de les écrire. Et ceci est pour nous la fin de tous nos récits, et nous pouvons dire en vérité qu'ils vécurent tous heureux à partir de ce jour. Mais pour eux, ce n'était que le début de la véritable histoire. Toute leur vie en ce monde-ci et toutes leurs aventures à Narnia avaient été seulement la couverture et la page de titre. Maintenant enfin, ils commençaient le premier chapitre de la Grande Histoire que personne sur terre n'a jamais lue. Celle qui dure toujours, et dans laquelle chaque chapitre est meilleur que le précédent[1].

Notre Père dans le ciel a trouvé bon de nous combler de bénédictions ineffables qui défient l'imagination ; c'est ce qu'il veut et il a la puissance de l'accomplir. Il nous a donné son royaume. Ce royaume est déjà en nous par son Esprit et nous y vivrons un jour avec lui. Alors... ne nous inquiétons pas.

QUESTIONS DE RÉFLEXION

À la suite de votre lecture, qu'est-ce qui a changé ou doit changer concernant :

1. Votre vision de Jésus ?

2. Votre manière d'envisager les inquiétudes ?

3. Vos tentatives de changement ?

4. Vos prières ?

5. Vos conseils à ceux qui avouent éprouver des inquiétudes ?

---

1. C.S. Lewis, *La dernière bataille*, Paris, Folio Junior, Gallimard Jeunesse, 2002, p. 217.

REMERCIEMENTS

La rédaction d'un livre est exigeante, non seulement pour l'auteur, mais également pour plusieurs personnes qui gravitent autour de lui. Dans un esprit d'humilité et de reconnaissance, j'aimerais remercier les personnes suivantes :

- Ma famille : Barbara, Nate et Hannah, Tim, Kathryn et Benjamin. Vous êtes la famille que tous les pères et tous les maris rêveraient d'avoir et heureusement pour moi, je suis cet homme. Vous êtes patients envers moi tandis que je progresse peu à peu dans la grâce.
- Nos parents : Clyde et JoAnn Lane, Bill et Sue Casey. Le travail des parents n'est jamais terminé. Vous êtes tous les quatre un précieux soutien.
- Mes amis et compagnons d'œuvre pour l'Évangile : Craig Higgins, Drew Derreth, Scot Sherman et Stuart Stogner. Depuis plus de deux décennies de ministère, nos rencontres annuelles sont pour moi une source d'encouragement et le moyen de devenir plus transparent. Ensemble, nous avons traversé des périodes de bénédiction et d'épreuve.
- Mon éditeur : Carl Laferton. Quel plaisir de travailler avec toi ! Nos échanges animés, honnêtes et cordiaux sur le manuscrit en ont grandement amélioré le contenu. Merci

de m'avoir mis au pas lorsque j'avais tendance à vouloir me détendre au début de presque tous les chapitres!

- Mes compatriotes de l'État de Géorgie : Mike Harrell, Faye Marion et George Parry. Merci pour vos conseils judicieux et votre aide.

QUAND
JE SUIS
DANS LA
CRAINTE

UNE APPROCHE POUR

VAINCRE PROGRESSIVEMENT

LA PEUR ET L'ANXIÉTÉ

EDWARD T. WELCH

QUAND JE SUIS DANS LA CRAINTE

*Une approche pour vaincre progressivement
la peur et l'anxiété*

EDWARD T. WELCH

Ed Welch nous amène à examiner nos peurs et à
méditer sur ce que Dieu dit aux personnes crain-
tives et inquiètes. Il nous invite à placer notre
confiance en Dieu et en ses promesses au lieu de
céder à notre peur et à notre angoisse.

6 x 9 po | broché | 106 pages
978-2-89082-330-3

Nos relations :
des bénédictions compliquées

Timothy S. Lane | Paul David Tripp

NOS RELATIONS : DES BÉNÉDICTIONS COMPLIQUÉES

TIMOTHY S. LANE ET PAUL DAVID TRIPP

Dans ce livre, les auteurs nous montrent comment aborder les difficultés persistantes qui tourmentent plusieurs relations. Ils nous révèlent les problèmes sous-jacents motivant nos réactions, nos choix et notre comportement tout en nous expliquant comment Dieu intervient pour nous aider à bâtir des relations entièrement conformes à sa volonté.

5,5 x 8,5 po | broché | 257 pages
978-2-89082-297-9

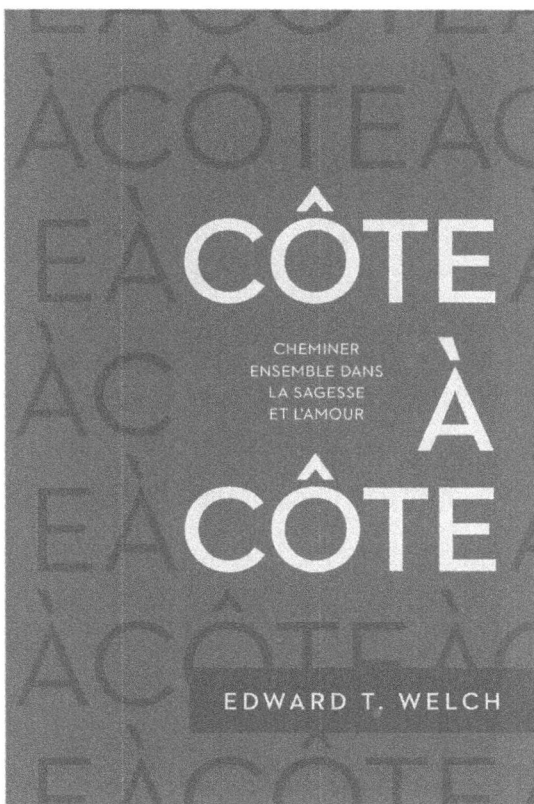

CÔTE À CÔTE

Cheminer ensemble dans la sagesse et l'amour

EDWARD T. WELCH

L'aide qui peut être apportée par les amis est précieuse et elle ne doit pas être négligée. Dans ce livre, Ed Welch nous présente une méthode d'accompagnement pertinente pour cheminer avec les autres à travers les moments difficiles. Il nous montre comment être de bons amis chrétiens qui apprennent à partager leurs fardeaux et à porter ceux des autres.

5,5 x 8,5 po | broché | 192 pages
978-2-89082-293-1

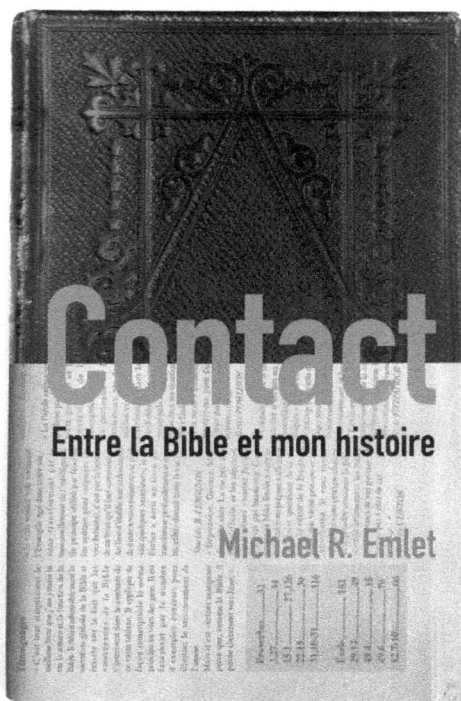

CONTACT

Entre la Bible et mon histoire

MICHAEL R. EMLET

Si vous aspirez à appliquer la Bible à toutes les dimensions de votre vie ou à aider les autres à développer un tel désir, alors vous vous régalerez de cet ouvrage ! *Contact* est un guide facile à lire et pertinent qui combine les meilleures méthodes d'étude biblique à la théologie et au counseling biblique, en vue d'aider les gens qui souffrent à se laisser radicalement transformer par Jésus.

5,5 x 8,5 po | broché | 259 pages
978-2-89082-166-8

Instruments entre les mains du Rédempteur

Quand Dieu utilise des gens qui ont besoin de changement, pour en aider d'autres qui ont besoin de changement.

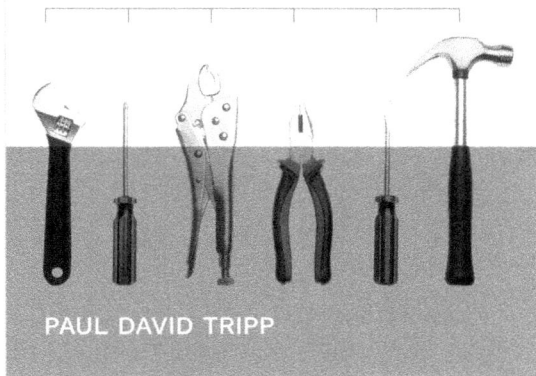

PAUL DAVID TRIPP

INSTRUMENTS ENTRE LES MAINS DU RÉDEMPTEUR

Quand Dieu utilise des gens qui ont besoin de changement, pour en aider d'autres qui ont besoin de changement

PAUL DAVID TRIPP

L'auteur nous aide à découvrir les domaines où des changements s'imposent dans nos vies et celles des autres qui nous entourent. Suivant l'exemple de Jésus, Paul Tripp nous enseigne comment mieux connaître les autres et leur dire la vérité avec amour.

5,5 x 8,5 po | broché | 504 pages
978-2-89082-289-4

DIRE LA VÉRITÉ AVEC AMOUR

Une vision biblique du counseling pour l'Église

DAVID POWLISON

Dire la vérité avec amour propose un plan détaillé pour mieux communiquer avec les autres dans le but d'édifier la communauté en Christ. Les principes qui sont exposés dans ce livre s'appliquent non seulement dans le cadre du ministère de counseling, mais aussi dans des domaines tels que le mariage, la famille, l'amitié, le travail et l'Église.

5,5 x 8,5 po | broché | 257 pages
978-2-89082-310-5

Edward T. Welch

QUAND LES HOMMES

ONT PLUS D'IMPORTANCE

Surmonter la pression exercée par les pairs,
la dépendance affective et la crainte des hommes.

QUAND LES HOMMES ONT PLUS D'IMPORTANCE QUE DIEU

Surmonter la pression exercée par les pairs, la dépendance affective et la crainte des hommes

EDWARD T. WELCH

Nul besoin d'être victime de pressions exercées par ses pairs, ni d'être dépendant sur le plan affectif pour profiter de cet ouvrage. Ce livre nous ouvre les yeux et nous redirige vers Dieu et sa Parole afin de surmonter la crainte des hommes.

5,5 x 8,5 po | broché | 273 pages
978-2-89082-143-9

PUBLICATIONS CHRÉTIENNES

Publications Chrétiennes est une maison d'édition évangélique qui publie et diffuse des livres pour aider l'Église dans sa mission parmi les francophones. Ses livres encouragent la croissance spirituelle en Jésus-Christ, en présentant la Parole de Dieu dans toute sa richesse, ainsi qu'en démontrant la pertinence du message de l'Évangile pour notre culture contemporaine.

Nos livres sont publiés sous six différentes marques éditoriales qui nous permettent d'accomplir notre mission :

ÉDITIONS IMPACT   **IMPACT HÉRITAGE**   **IMPACT ACADÉMIA**

éditions cruciforme   **La Rochelle**   **EUROPRESSE**

Nous tenons également un blogue qui offre des ressources gratuites dans le but d'encourager les chrétiens francophones du monde entier à approfondir leur relation avec Dieu et à rester centrés sur l'Évangile.

REVENIR À L'ÉVANGILE

reveniralevangile.com

Procurez-vous nos livres en ligne ou dans la plupart des librairies chrétiennes.

pubchret.org | xl6.com | maisonbible.net | amazon

www.ingramcontent.com/pod-product-compliance
Lightning Source LLC
Chambersburg PA
CBHW071344090426
42738CB00012B/3003